LES
OEVVRES
DV SIEVR
THEOPHILE.

Reueuës, corrigées, & augmentées.

TROISIESME EDITION.

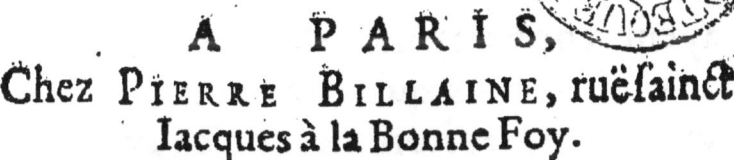

A PARIS,
Chez PIERRE BILLAINE, ruë sainct
Iacques à la Bonne Foy.

──────────────

M. DC XXIII.
Avec Privilege dv Roy.

EPISTRE AV LECTEVR.

Vis que ma conuersation est publique, & que mon nom ne se peut cacher; ie suis bien aise de faire publier mes escrits, qui se trouueront assez conformes à ma vie, & tres-esloignez du bruit qu'on a faict courir de moy: Ie sçay bien que dans l'aueugle confusion d'vne reputation ignorante on a parlé de moy comme d'vn homme à perir pour exemple, sans que iamais l'Eglise ny le Palais ayent reprins ny mon discours, ny mes actions. Et depuis qu'il me souuient d'auoir vescu parmy les hommes, ie n'en ay iamais pratiqué qui ne me soient encore amis: Tous ceux qui parlent mal de moy ne sont ny de ma conuersation, ny de ma cognoissance. Ie me puis vanter d'auoir as-

ã ij

fez de vertu pour imputer à l'enuie les mesdifances qui m'ont persecuté: Ces outrages ne m'ont point affligé l'esprit, ny destourné le train de ma vie: Ie sçay que les iniures de ma fortune ont faict celles de ma reputation en mon bannissement. I'estois infame & criminel, depuis mon rappel innocent, & homme de bien; & la mesme façon de viure, qui s'appelloit autresfois desbauche, s'appelle auiourd'huy reformation. Les esprits des hommes sont foibles & diuers par tout, principalement à la Cour, où les amitiez ne sont que d'interest ou de fantaisie: le merite ne se iuge que par la prosperité, & la vertu n'a point d'esclat que dans les ornemens du vice: l'eloquence n'a plus de grace qu'à persuader la liberté, & les mauuaises mœurs: la pointe & la facilité de l'esprit ne paroist plus qu'à mesdire; estre habile c'est bien trahir: la raison est incogneuë, la Religion encore plus: le Roy ne void que des reuoltes: Dieu n'entend que des impietez, tant le siecle est maudit du Ciel & de la terre: les gens de lettre ne sçauent rien: la plus part des iuges sont criminels, passer pour honneste homme c'est ne l'estre point. Dâs ce rebours de toutes choses, i'ay de l'obligation à mes infamies, qui au vray sens se doiuent expliquer des faueurs de la renommee. Sur ceste foy ie ne changeray ny mon nom, ny mes pensees; & veux sortir sans masque deuant les plus censeurs des escholes les plus Chrestiennes. Ie ne sçache ny Latin, ny François, ny Vers, ny Prose, qui redoute la presse ny la lecture des plus delicats: Ie parle pour la conscience, car du stile & de l'imagination, ie ne suis ny fort, ny presomptueux: & ceste publication est plustost de l'humilité de mon ame, que de la vanité de mon esprit.

SVR LE TRAICTE' DE L'IMmortalité de l'Ame, de Monsieur Theophile.

ESPRITS qui cherchez curieux
Comment se meuuent tous les Cieux,
Et qui mesurez les planettes:
Hommes debiles de pouuoir,
Qui dans le soin de tout sçauoir
Encore ignorez qui vous estes.

Ne portez plus vos yeux si haut,
Considerez en leur defaut
Vos curiositez extremes,
Quittez le soin que vous prenez,
Et dans ce discours apprenez
A vous bien cognoistre vous mesmes.

C'est en vain que vous recherchez
Ces secrets qui vous sont cachez:
Si par cet air meslé de flame,
Et par ces eternels ressorts,
Qui font mouuoir tout vostre corps,
Vous ne recognoissez vostre ame.

C'est par elle que nous viuons,
C'est par elle que nous sçauons
Nostre bien & nostre dommage:

 C'est elle qui dans ces bas lieu
S'ose dire semblable à Dieu,
Comme estant sa viuante image.

 Bien qu'elle soit sans liberté
Dans ce pauure corps agité
Qu'elle soustient, & qui la porte,
Elle ayme si fort sa prison,
Qu'elle deffend à sa raison
De iamais en ouurir la porte.

 C'est ce que vous en pouuez voir:
Mais si vous desirez sçauoir
Comme hors de son domicile,
Elle vit eternellement
A la gloire, ou dans le tourment,
Apprenez-le de Theophile.

 Ce discours qu'il en a tracé,
Si docte, & si bien agencé,
Monstre qu'il sçait bien son essence,
Sa gloire, & son eternité,
Et cét aueu de verité
Fait enrager la mesdisance.

FIN.

BOIS-ROBERT METEL.

A LVY MESME.

 SPRITS de feu, sçauants genies,
Qui charmez de vos harmonies
Tout ce qui vous peut escouter,
Et qui pouuez faire resoudre,
L'ire mesme de Iupiter
A n'vser iamais de la foudre.

Poëtes qui nous enchantez
Par les doux airs que vous chantez,
Quand amour en faict les paroles,
Qui ne viuez que de plaisirs,
Et n'adorez que les idoles
De vos agreables desirs.

Vous qui d'vne façon hardie
Faictes marcher la tragedie
En sa pompeuse grauité,
Et qui d'vn los tout magnifique
Consacrez à l'eternité
La grandeur d'vn acte heroique.

Peintres dont les pinceaux parlans

Auecques des traicts excellens
Tirent les choses inuisibles,
Le bruict, les pensers, les accords,
Les vents courroucez ou paisibles,
Et l'ame au trauers de son corps.

 Vous qui dedans la solitude
D'vn bois, d'vn antre, ou d'vn estude,
Imaginez vos beaux escrits,
Lors que la saincte Poësie
Vous anime, & vous rend espris
De sa plus douce frenesie.

 Venez rendre hommage en ce lieu
A cét esprit que vostre Dieu
Recognoist mesme pour son maistre:
Ployez tous icy les genoux,
Vous deuez bien le recognoistre,
Puis qu'vn Dieu l'a faict deuant vous.

 Tirez à ce coup des merueilles
De vos laborieuses veilles,
Pour honorer d'vn iuste los
Ce grand & ce diuin Oracle,
Qui faict voir en tous ses propos
Les effects de quelque miracle.

 C'est vous acquerir du bon-heur,

C'est trauailler à vostre honneur,
Que de chanter à sa louange,
Puis qu'ainsi vos noms & le mien
Seront placez en tiltre d'Ange
Pour iamais auecques le sien.

Ie mets pour viure en la memoire
Le plus riche habit de ma gloire
Dedans ce liure tout exprés:
En recognoissant la nature,
Comme en vn coffre de Ciprés
Pour le garder de pourriture.

Mais vrayment c'est bien sans raison,
Que i'en fais la comparaison:
Puis qu'en ces choses l'on remarque
Vne contraire qualité:
Car l'vn se dedie à la Parque,
Et l'autre à l'immortalité.

Beaux vers, les Demons de ma ioye,
Qui par vne secrette voye
Emportez mon ame en des lieux
Où vont les plus hautes pensees,
Demander audience aux Dieux
Pour en estre recompensees.

Que le Ciel ne m'a-t'il doüé
'vn esprit qui fut aduoüé
u iugement le plus seuere,
I'escriuois les perfections
De vostre Autheur que ie reuere,
Sans me seruir de fictions.

 Muse, aurois-tu bien le courage
D'entreprendre vn si grãd ouurage?
Sonde ta force, esprouue toy,
Ou l'on diroit voyant mon stile,
Que pour faire parler de moy,
Ie parlerois de Theophile.

 Arrestons nous doncques icy,
Et ne soyons plus en soucy
Comme i'accorderay ma lire,
Puis qu'à ce coup sans en parler,
Ie diray ce qu'on ne peut dire,
Et que l'on ne doit pas celer.

F I N.

S. A.

A MONSIEVR
THEOPHILE.

 OY qui te sens louer, qui reçois de la vie
Cette seule faueur qui vient apres la mort,
THEOPHILE, iouy librement de ce sort,
Qui te met au dessus du pair & de l'enuie.

Quand ton ame sera de la Parque rauie,
  Dés qu'elle aura franchy ce naturel effort,
  Vn soucy plus diuin la saisira d'abord,
Et ta ioye en sera pleinement assouuie.

Tu fouleras aux pieds les feux & les destins,
  Tous les Dieux à l'enuy te feront des festins :
  Mais si la soif te prend, si ta bouche s'allume,
Quel breuuage assez doux fera rire tes yeux,
Puis qu'estant icy bas tu fais boire à ta plume
Ce qui se boit au Ciel de plus delicieux ?

A THEOPHILE,
SVR SA PARAPHRASE
DE LA MORT DE
Socrate, ou de l'Immortalité de l'Ame.

ODE.

OY qui leuant le cœur aux Cieux,
Iadis remercias les Dieux,
D'estre HOMME, d'estre GREC, & SAGE:
PLATON, grand demon de sçauoir,
Si ton ombre peut conceuoir
L'honneur qu'on te faict en nostre aage,
Il t'apprend que c'est ton deuoir
De rendre aux Dieux vn autre hommage.

Peu s'en falloit que le plus beau
De tes enfans, dans le tombeau

N'acreuſt le rang des ombres vaines:
Ta gloire alloit perir auſſi,
Dont tous les Dieux en grand ſoucy,
T'ont conſacré les doctes peines
D'vn grand eſprit qui eſt icy,
Ce que tu eſtois dans Athenes.

Tu dois à tes diuins eſcrits
L'honneur d'auoir rauy le prix
A tous les ſages de ta ville,
A parler comme vn homme faict:
Mais ores ſi ta langue ſçait
Des Dieux le parler & le ſtile,
Il faut aduouer en effect,
Que tu le dois à THEOPHILE.

Oyant le parler des mortels,
Ioinct à celuy des immortels
Dedans ces cahiers: il me ſemble
Qu'à bon droict cét eſprit faſché
De voir à tort ſon nom taché,
Comme dans vn Concile aſſemble,
Pour eſtre abſous de ce peché,
Les hommes & les Dieux enſemble.

Ces diſcours ſi bien agencez,
Sont tout autant de traits lancez
Dans le cœur de la calomnie.

C'est vn prodige de bon-heur,
Qu'en mesme temps ce grand sonneur
Donne à Platon neuuelle vie:
Et faict triompher son honneur
De la malice & de l'enuie.

Lors que ta vertu sans t'ayder,
Se veid contrainte de ceder
A tes mauuaises destinees:
Apollon dans ses pleurs baigné,
Si tost qu'il te veid esloigné,
Te suiuit iusqu'aux Pyrenees,
Ou tu te veis accompagné
Des Muses qu'il auoit menees.

Les rochers mesmes se fendoient,
Les neiges mesmes se fondoient,
Lors que tu formois ta complainte.
Aux premiers accens de ta voix,
L'horreur des antres & des bois
Fut de compassion atteinte:
Et tousiours depuis ceste fois
La douceur y demeure emprainte.

Quelle cruauté ne gemit,
Quelle constance ne fremit,
Quand tu descris ce lieu funeste?
Mais auec ces belles couleurs,

Voyant esclatter tes douleurs,
Pardonne moy si ie proteste,
Qu'ainsi t'obligeant aux malheurs,
Encore tu leur dois de reste.

En fin laissant ces aspres monts
Et ces rochers, de qui les fronts
Seruent de buttes aux tonnerres :
Laissant les sangliers & les loups,
Et les corbeaux, & les hiboux,
Hostes de ces steriles terres :
Tes muses sous vn Ciel plus doux,
Se vindrent loger à BOVSSERRES.

Là se voit vn petit chasteau,
Ioignant le pied d'vn grand costeau,
Où Bacchus seant en son throsne,
Haut esleué sur vn arceau,
Estend ses bras au bord de l'eau,
Le long des riues de Garone :
Qui glorieux de ton berceau,
Mesprise la Seine & le Rhosne.

Là THÉOPHILE auec plaisir,
Nous considerions à loisir,
La force & les poids des mysteres,
Que ces vieux sages ont tracez,
Puis nos esprits s'estant lassez,

TRAICTÉ DE L'IMMORTALITÉ DE L'AME, OV LA MORT DE SOCRATE PAR THEOPHILE.

PHÆDON.

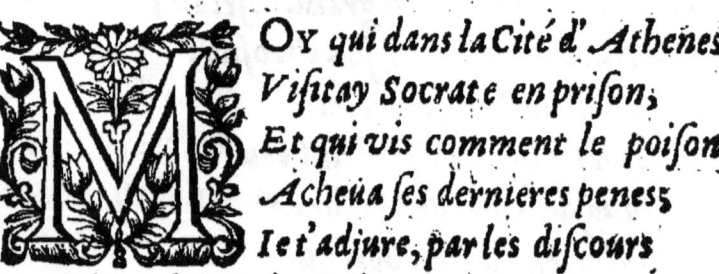

Oy qui dans la Cité d'Athenes
Visitay Socrate en prison,
Et qui vis comment le poison
Acheua ses dernieres penes;
Ie t'adjure, par les discours
Dont il voulut finir ses iours,
De le voir peint dans mon ouurage,
Où i'ay faict aussi peu d'effort,
Qu'en fit ce genereux courage,
Dans les atteintes de sa mort.

Quelques Dieux, comme par enuie,
Le voyans si bien raisonner,

A

Voyant esclatter tes douleurs,
Pardonne moy si ie proteste,
Qu'ainsi t'obligeant aux malheurs,
Encore tu leur dois de reste.

En fin laissant ces aspres monts
Et ces rochers, de qui les fronts
Seruent de buttes aux tonnerres :
Laissant les sangliers & les loups,
Et les corbeaux, & les hiboux,
Hostes de ces steriles terres :
Tes muses sous vn Ciel plus doux,
Se vindrent loger à BOVSSERRES.

Là se voit vn petit chasteau,
Ioignant le pied d'vn grand costeau,
Où Bacchus seant en son throsne,
Haut esleué sur vn arceau,
Estend ses bras au bord de l'eau,
Le long des riues de Garone :
Qui glorieux de ton berceau,
Mesprise la Seine & le Rhosne.

Là THEOPHILE auec plaisir,
Nous considerions à loisir,
La force & les poids des mysteres,
Que ces vieux sages ont tracez,
Puis nos esprits s'estant lassez,

TRAICTÉ DE L'IMMORTALITÉ DE L'AME, OV LA MORT DE SOCRATE PAR THEOPHILE.

PHÆDON.

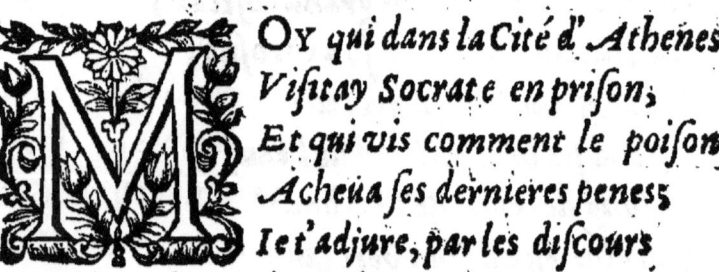

Oy qui dans la Cité d'Athenes
Visitay Socrate en prison,
Et qui vis comment le poison
Acheua ses dernieres penes;
Ie t'adjure, par les discours
Dont il voulut finir ses iours,
De le voir peint dans mon ouurage,
Où i'ay faict aussi peu d'effort,
Qu'en fit ce genereux courage,
Dans les atteintes de sa mort.

Quelques Dieux, comme par enuie,
Le voyans si bien raisonner.

Apres l'auoir faict condamner,
Alongerent vn peu sa vie,
Affin que la mort eust loisir
Auparauant que le saisir,
De se peindre plus effroyable,
Et sans cesse luy discourir
De son Arrest impitoyable,
Pour le faire long temps mourir.

 Vne aduenture inopinee
Tentant sa resolution,
Laissa sans execution,
La sentence desia donnée.
Ce Nauire qui dure tant
Où Thesee mit en partant
Quelques voiles noires & blanches,
Qui rendu mille fois nouueau,
Et changé de toutes ses planches,
Encore est le mesme vaisseau.

 D'vne Religion fidelle,
Ce Nauire auec des presens
Partoit d'Athenes tous les ans,
Pour faire son voyage en Dele:
En l'attente de son retour,
Les Arrests mortels de la Cour
Retenoient leur sanglant tonnerre,
Et ne donnoient iamais la mort
Au plus coulpable de la terre,

DE L'AME.

Que le vaisseau ne fust au port.

Ce Nauire estoit lors sur l'onde,
Et pendant son esloignement
Socrate sans estonnement
Attendoit à sortir du monde,
Dans ces importunes langueurs,
Encore parmi les rigueurs
De la Iustice inexorable,
Il m'estoit permis de le voir
Et d'un confort peu secourable
Luy rendre mon dernier deuoir.

Quelques uns que les mœurs & l'âge
Attachoient à son amitié,
Par un mesme effort de pitié,
Luy rendoient mesme tesmoignage,
Tous à l'object de son ennuy
Estoient moins resolus que luy?
Et consolés à sa parole
Le voyant sec parmi nos pleurs,
Comme moy venoient à l'escole
De bien viure dans les malheurs.

Tous les iours dans cet exercice
Il nous enseignoit de mourir,
Sans perdre temps à discourir
Des cruautés de la Iustice.
A la fin quand le iuste cours

De ſes incomparables iours
Fut acheué par les Eſtoilles;
Le peuple, ſur le bord de l'eau
Reuid blanchir les triſtes voiles,
Et moüiller l'ancre du vaiſſeau.

Le iour venu que la Nature auare
Redemandoit vne choſe ſi rare,
Et que la loy preſſante du Deſtin
Deuoit ſa proye à l'infernal maſtin,
Sans eſpargner non plus ceſte belle ame
Que le plus ſot du populaire infame;
Nous reuenons pour la derniere fois
A l'entretien d'vne ſi docte voix.
Ce cœur diuin ſe tient touſiours plus ferme,
Lors qu'il ſe vid plus proche de ſon terme,
Sans que l'horreur de ſon treſpas certain
Y fiſt paroiſtre vn mouuement humain:
L'Eſprit plus fort voyant ſa derniere heure,
Et qu'on le preſſe à changer de demeure,
S'il n'eſt celeſte, ou tout à faiƈt brutal,
Quoy qu'il diſcoure il craint le coup fatal.
Il falloit bien qu'vne diuine eſſence
Au grand Socrate euſt donné la naiſſance.
Vn ſens humain n'eſt iamais aſſés fort,
Pour ſe reſoudre à ſouſtenir la mort.
Luy dans l'objeƈt de ſa fin toute proche,
D'vn front de marbre, & d'vne ame de roche

Monstroit de l'œil, du geste, & du propos,
Qu'il demeuroit dans vn profond repos,
Et que pour voir des pleurs à son martyre
Il eust fallu quelque chose de pire,
Et ne souffrit iamais dans la prison
Qu'vn seul souspir fist honte à sa raison.
A ses genoux sa femme desolée,
Les yeux troublés, affreuse, escheuelee,
Qui ne pouuoit à force de douleurs
Se soulager d'vne goutte de pleurs,
Tenant le fils vnique de Socrate,
Luy reprochoit vne ame presque ingrate,
De ne laisser aux bords du monument
A tous les siens vn souspir seulement.
Mon cher espoux, Socrate, disoit-elle,
Pourquoy ne m'est cet'heure aussi mortelle?
Helas! apres que le dernier sommeil
T'aura priué des clartez du Soleil,
Dans les horreurs du Cocite effroyable
Tes tristes yeux n'auront rien d'agreable.
Fussions nous mesmes en ces lieux pleins d'effroy,
Tu ne verras ny tes amis, ny moy.

Socrate sans s'esmouuoir, pour la desolation de sa femme comme du tout insensible à sa perte, & à la douleur des siens; ie vous prie (dit-il) ramenés-moy ceste femme en la maison. Vn des domestiques de Criton qui se trouua là, la conduisit chez elle.

A iij

Puis il s'assit, & tout se reposant,
D'vn esprit graue & d'vn discours plaisant,
Auant se taire il nous fit prendre enuie
De l'aller suiure au sortir de la vie.

Tout au mesme instant qu'on luy eut ôté les fers, il porta les mains sur les meurtrisseures qui luy demangeoient, & goustant sans estre diuerty, la douceur de ce soulagement.

Voyés (dit-il) comme au plus grand malheur
La volupté suit de pres la douleur,
I'ay ce soulas, à cause de la chene,
Et ce plaisir à cause de ma peine.

Que c'est vne chose merueilleuse (disoit-il) que ce sentiment que les hommes appellent plaisir, & qu'il a vn estrange rapport à la douleur qui semble estre son contraire : car ils ne peuuent estre ensemble, & si nous ne sçaurions gouster de l'vn sans participer à l'autre, & s'entretouchent tous-deux, comme s'il tenoient à quelque bout. Æsope sans doute, s'il eust iamais resué là dessus, eust faict quelque fable de ceste meditation. Que Dieu voulant accorder deux choses si ennemies, & n'en faire qu'vne, comme il ne le peut du tout, au moins les auroit-il faict ioindre par leurs extremités, si bien que l'vn se trouuast tousiours à la suitte de l'autre, ce qui me vient d'arriuer tout maintenant: car les chaisnes qui me faisoiēt mal aux pieds, n'ont pas esté si tost laschees, que i'en ay eu de la ioye, & de l'allegement.

Là dessus vn des amis nommé Cebes l'interrompit pour sçauoir de luy, à quel sujet il s'estoit amusé à faire desvers en la prisõ: car il y en auoit faict depuis peu, ce qui luy ne estoit arriué iamais auparauant. Cebes l'interrogoit de cela, & pour sa curiosité, & pour celle de quelques autres, mais notamment d'vn certain Euenus Poëte, qui l'auoit fort prié de s'en enquerir.

Tu respondras à Euenus, dit Socrate, que ce que i'en ay faict, n'a esté ny pour luy plaire, ny pour faire des vers à l'enuy de luy, ce qui n'estoit pas aisé: mais seulemēt pour me purger l'ame, & pour tirer experience de quelque songe, qui m'auoit ordonné de faire des chansons, car vn songe qui m'est reuenu souuent, tantost d'vne forme, tātost d'vne autre, m'a tousiours dit, fay Socrate, fay Socrate, fay des vers.

Moy sans cognoistre l'aduenture
De ces mysteres trop couuers,
Ie voulois voir si ma nature
Seroit propre au mestier des vers.
Lors les Deesses des Poëtes,

A iiij

Auparauant pour moy muetes,
Pousserent leurs charmantes voix,
Et passans dans ma fantasie
Firent vn peu de Poësie,
D'vn peu de fureur que i'auois.

Plus ceste vision reuenoit à moy pour me solliciter à cest exercice, plus ie me trouuois disposé à l'entreprendre.

Comme des bouts de la barriere,
Ceux qui vont courir pour le prix
Sont suiuis auecques des cris
Iusqu'à la fin de la carriere.
Ceste importune vision,
D'vne pressante affection,
Me commandoit que i'escriuisse,
Et me parloit à tout propos
Des douceurs de mon exercice,
Sans me donner iamais repos.

Si bien que m'estant resolu de luy obeyr & voulant aussi que mon esprit se rendist net auant que partir du monde, i'ay prins le tēps de versifier pendant les festes qui ont retardé l'execution de mon arrest, i'ay cōmencé mon Poëme par Appollon, à qui on faisoit alors des sacrifices.

Et ceste influence elle mesme

Qui nous met les vers dans le sein,
Comme ayant formé mon dessein
A receu mon premier Poëme.

Apres ie me mis à escrire des fables, iugeant qu'vn Poëte doit trauailler en ceste matiere, plustost qu'en autre discours, & m'en ressouuenant de quelques vnes, ie les ay traitees en l'ordre qu'elles me sont venuës à la memoire, ce sont des fables que i'ay prises d'Æsope: car de moy, ie ne me trouue point l'esprit inuentif pour cela, c'est ce que tu as à respondre à Euenus, saluë-le de ma part.

Et de grace conseille luy
Que s'il est sage, il me doit suiure,
Car sans plus c'est dés-auiourd'huy
Que ie veux acheuer de viure.

Qu'il me suiue donc, mes Iuges veulent que ie parte à ce soir. Simias tout esbahi de ceste recommandation: & quoy? Socrate (dit-il) qu'est-ce que tu enuoyes là dire à ce Poëte? à ce que ie cognois de luy, ie ne pense pas qu'il te croye. Comment, dit Socrate, n'est-il point Philosophe? Simias luy respondit qu'il l'estimoit tel. Il approuuera dela, mon conseil (dit Socrate) & luy & ous ceux qui tiennent quelque chose de la bonne Philosophie, non pas pour cocn qu'il se doiue tuer luy-mesme: car on dit qu'il ne le faut pas faire, & sur ces mots, il s'aduança sur les bords de la couchette tout assis, & appuyant ses pieds à terre, il continuë à s'entretenir auec nous.

Comment accordes-tu cela, luy dit Cebes, qu'vne personne ne se doiue point donner la mort, & qu'vne Philosophie doiue desirer de suiure celuy qui s'en va mourir?

SOCRATE.

N'auez-vous iamais rien appris de cecy en conferant auec Philolaux, qui vous a esté si familier?

SIMIAS.

Rien pour tout d'asseuré, ny de facile.

SOCRATE.

Ny moy non plus (dit Socrate:) car i'en parle par ouyr dire, & ne laisseray de vous en dire de bon cœur tout ce que i'en ay ouy, aussi ne sera il point hors de propos, que sur le point de mon depart, ie songe vn peu quel il doit estre, & m'imagine ce que ie dois penser de l'autre seiour : c'est la plus seante, & la plus vtile occupation qui nous puisse entretenir depuis le matin, iusqu'à la nuict.

On ne doit point songer ailleurs,
Et de tous les discours des hommes,
Ce sont sans doutes les meilleurs,
De penser tousiours d'où nous sommes.

CEBES.

Et pourquoy (Socrate) n'est-il pas permis de se tuer ? car il est vray que Philolaux & d'autres m'ont dit autresfois qu'il ne le faut pas faire : mais il ne m'en ont point laissé de raison qui me contente.

SOCRATE.

Il faut que vous m'escoutiez attentiuement, mesme apres m'auoir bien entendu, ne doutez pas que vous ne trouuiez estrange, pourquoy c'est vne chose pure, simple, & sans exemple, & qui est seule sans arriuer iamais à l'homme, que la permission de se tuer, comme luy arriuent toutes autres choses, veu mesme qu'il est meilleur à quelques vns de mourir, que de viure.

Lors que nos destins sont pressez
Des malices de la fortune,
Et que nos yeux sont offensez,
Du Soleil qui nous importune,

Lors qu'on ne vit qu'à la douleur,
Que iamais l'Astre du malheur
Ne se peut lasser de nous nuire,
Et qu'au lieu de nous secourir,
Nostre esprit tasche à nous destruire,
Se doit-on point faire mourir?
Et pourquoy des mains estrangeres,
Me gueriront-elles demain,
Puis qu'aujourd'huy ma propre main,
Peut finir toutes mes miseres?

Cebes sousriant, a, a, Iupiter, dit-il, voila la coustume des Thebains; cela veritablement, dit Socrate, semble bien absurde, & si peut-estre a-il quelque raison, car pour le discours de ses secrets qui nous apprend, que les hommes sont dans ceste vie comme en vne prison, dont il n'est permis de se sauuer, c'est à mon sens vn discours bien haut, & tres-difficille à comprendre. Toutesfois Cebes, tu crois bien qu'il y a de l'apparence que les Dieux ont soin de nous.

CEBES.

Ouy.

SOCRATE.

Et que les hommes sont vne des possessions dont les Dieux iouÿssent.

CEBES.

e le croy.

SOCRATE.

Considere, Cebes, que si quelqu'vn des esclaues qui sont à toy, se tuoit luy-mesme sans ta permission, tu t'en fascherois, & le ferois mesme punir apres sa mort.

CEBES.

Sans doubte.

SOCRATE.

Ainsi trouué-je raisonnable que les hommes ne se tuent point eux mesmes, & qu'il doiuent attendre de Dieu la necessité de mourir, comme tu vois qu'il me l'impose maintenát, par l'Arrest qu'on ma prononcé.

CEBES.

Il est tres-clair, mais ce que vous disiez vn peu auparauant, que les Philosophes ayment le desir de la mort, n'est point receuable, si cecy a lieu que Dieu est nostre curateur & que nous sommes en sa possession, il n'y a point d'apparence que les hommes qui sont sages fussent faschez de se laisser gouuerner aux Dieux, qui le sont encore plus qu'eux: car l'homme prudent doit plus craindre en sa propre conduite, & lors qu'il est en sa liberté, qu'alors que Dieu prend la peine de le gouuerner, & de le conduire. Mais bien vn fol sans doute trouueroit bon de quitter son maistre, sans considerer qu'il se faut tousiours tenir à ce qui est bon, & celuy qui a bon sans, veut tousiours demeurer où il faict meilleur. Or se departir de la vie, c'est sortir de la tutelle, en laquelle Dieu nous tient, & où les sages ayment à demeurer, c'est pourquoy ils ne peuuent mourir qu'à regret, & les fols seulement se peuuent resioüyr à la mort.

Socrate ayant ouy cela, print plaisir à la subtilité de Cebes, & se tournant vers nous, tousiours, dit-il, ce Cebes examine tout iusqu'au bout, & ne se laisse point facilement persuader à qui que ce soit : & moy, respondit Simias, ie crois que ce que Cebes nous vient de dire est quelque chose: car à quel propos les hommes qui sont sages, voudroient-ils laisser ceux qu'ils trouuent estre plus sages qu'eux, & les fuyr? Là Cebes dist à Socrate, c'est à vous à qui parle Simias, qui nous abandonnant sans regret, quittez aussi sans remords les Dieux que vous confessez vous-mesme estre bons capables de vous gouuerner. Vous auez raifon, dit Socrate, vous voulez que ie me deffende en iugement. Il eft vray, refpondit Simias. Ca dit Socrate, ie m'en vay refpondre encore plus exactement que ie n'ay faict deuant les Iuges.

Si pour m'enuelopper de mortelles tenebres
I'aymois à me plonger dans les ruiffeaux funebres,
Dont Charon tient le port
Auec la feule enuie
De me rendre à la mort,
Pour fouffrir les regrets d'auoir pardu la vie,
Mon defir feroit plein de crime
Et quiconque raifonne ainfi,
N'a point de caufe legitime
Qui le faffe partir d'icy.

Mais ie fçay qu'efloignant la maffe de la terre
Où tant d'aduerfitez m'ont toufiours faict la guerre,
Ie feray comme vn Dieu
Et que dans l'autre monde
Ie dois trouuer vn lieu,
Où pour les gens de bien toute douceur abonde.
Là les fatales ordonnances
Donnent la ioye & les tourments:
Les bons prennent les recompenfes

Et les mauuais les chastiments.

C'est ce que ie croy veritablement, mes amis, & d'où ie dois prendre plus d'occasion d'esperer que de craindre.

Là les hommes sont d'vne race
Presque pareille au sang des Dieux,
C'est où les grands Iuges des Cieux
Feront interiner ma grace.

Pour estre bien asseuré de rencontrer au sortir de ceste vie vne societé d'hommes tant excellens, ie ne m'en oserois point vanter, mais d'y trouuer des Dieux tous puissans & tous bons, ie le tiens tout certain, & l'afferme autant que ie puis affermer chose du monde.

C'est pourquoy sans aucun remords
Visitant le pays des morts,
Mon esprit ioyeux imagine
Qu'il est icy comme estranger,
Et qu'il va d'vn lieu passager,
Vers le lieu de son origine.

Voudrois-tu bien, dit Simias, t'en aller d'auec nous, auec ceste cognoissance, sans nous en faire part, puis que c'est vn bien qui nous touche à tous, aussi bien qu'à toy? Ne pense point t'estre acquité enuers nous d'aucune sorte de deuoir, si tu ne nous apprends

prends ceste doctrine, & ne nous persuade point ton opinion.

SOCRATE.

I'y feray tout ce que ie pourray, mais sçachons vn peu plustost ce que Criton nous veut dire: car ie vois qu'il y a desia long temps qu'il veut parler à moy. Ie n'ay autre chose à vous dire, respondit Criton, que ce que le bourreau m'a desia dit cent fois, que vous ne deuez point tant parler, pour ce que cela vous eschauffe, & peut empescher l'operation du poison, il s'en est trouué à qui il a fallu reïterer la prise deux ou trois fois pour ce subjet. Laissez-le là, dit Socrate, qu'il face sa charge, & appreste du poison pour trois ou quatre fois s'il veut. Ie sçauois bien, dit Criton, que ie ne tirerois autre chose de vous pour cet aduis, mais le bourreau m'en importune, il y a desia long temps.

SOCRATE.

Laissez-le là. Or mes Iuges, ie m'en vay vous rendre raison, pourquoy vn homme qui a consommé tout son âge en l'estude de la Philosophie, doit attendre la mort auec asseurance, & qu'il doit esperer de grands biens au sortir de ce monde: & voyez mes amis, comme quoy il me semble que

B

cela se doit entendre.

 Celuy qui dans les solitudes
De trop d'amour de discourir,
S'enseuelit en ses estudes,
Semble-t'il pas tousiours mourir:
Perclus des appetits du monde,
Dans la stupidité profonde,
Où le tient sa forte raison?
Il a tousiours la mort dans l'ame,
Et ne songe que de prison,
De precipices & de flamme.
Dans le cours de l'âge mortel,
Le Philosophe est desia tel,
Qu'vn autre apres l'ame rauie,
Le mal luy passe pour le bien
Et quand il meurt il ne faict rien,
Que ce qu'il faict toute sa vie.

Il faudroit donc bien trouuer estrange que les Philosophes qui ne trauaillent toute leur vie qu'à chercher la mort, fussent faschez de la trouuer, & qu'ils se plaignissent d'auoir en fin obtenu ce qu'ils auoient tant demandé. Simias riant, dist à Socrate, vous me faictes rire, & si ie n'en ay point d'enuie: car plusieurs à mon opinion, s'ils auoient ouy cecy, le trouueroient fort à propos contre les Philosophes. Et nos Atheniens aduouëroient infailliblement, que les Philosophes meurent à la verité, & que pourtant ils n'ignorent pas qu'ils meritent la mort. Ils ne le diroient pas peut estre sans raison, dit Socrate, s'ils adiouſtoient qu'ils ne l'ignoroient pas, c'eſt à dire, que les Philoſophes n'ignoroient point qu'ils meritent l'honneur de mourir, car veritablement ils n'ont iamais ſceu, comme quoy les Philoſophes s'eſtudient à mourir, & ſont dignes de la mort : mais laiſſons ces gens-là, & parlons à nous meſmes. Penſons-nous que la mort ſoit quelque choſe ? ſans doute c'eſt quelque choſe, dit Simias.

SOCRATE.

Eſt-ce autre choſe que la ſeparation de l'ame d'auec le corps ? & ſi eſtre mort ce n'eſt point auoir le corps à part ſans ame, & l'ame auſſi ſeparee du corps ſe ſouſtenant d'elle-meſme, la mort peut-elle eſtre quelque autre choſe ? Rien du tout, dit Simias. Socrate: Prenez bien garde, ſi nous ſommes bien d'accord vous & moy en cecy, & vous trouuerez plus aiſément ce que vous demandez ? Croyez vous que ce ſoit à faire au Philoſophe de s'eſtudier aux voluptez, & employer ſon ſoing à la desbauche, comme au plaiſir des viandes delicates, & des bons vins ?

Est-ce pour le plaisir infame,
D'engloutir des mets precieux
Et pour des vins delicieux,
Que ie dois trauailler mon ame?

SIMIAS.

Ceste volupté est trop lasche, pour occuper vn Philosophe.

SOCRATE.

Crois-tu que le plaisir d'aymer,
Qui ne vient point dans la pensee,
Sans rendre nostre ame insensee,
Soit digne de nous animer,

SIMIAS.

Non, ie crois que ceste mollesse est indigne d'vn homme de bon sens, & qu'vn esprit pour robuste qu'il soit, demeurant long temps en ceste frenaisie, est en danger de s'affoiblir, & de se mettre en fin hors d'esperance d'amendement.

SOCRATE.

L'aise d'estre vestu de soye
De voir l'or & les diamants,
Esclatter sur ses vestements,
Est-ce vne veritable ioye?

DE L'AME. 21
SIMIAS.

Ny cela encore: car vn Philosophe ne se doit point empescher l'esprit du soin de ces petites choses, ny s'en seruir qu'en la necessité de l'vsage de la vie.

SOCRATE.

Vous sçauez bien que l'estude & l'occupation d'vn Philosophe, ne doit point estre apres le corps : mais qu'il s'en doit esloigner, pour vacquer seulement à la culture de l'esprit.

SIMIAS.

Il me le semble ainsi.

SOCRATE.

De là vous voyez comme le Philosophe plus que nul autre homme, tasche de separer & d'affranchir l'esprit de la contagion, & du commerce du corps.

SIMIAS.

Il est vray.

SOCRATE.

Et cependant, la pluspart estiment vn homme mort, qui n'a point le goust des voluptez corporelles.

Ceux que la vanité n'a iamais peu saisir,
Ceux à qui les thresors n'ont iamais fait d'enuie,
Qui ne languissent point dans l'amoureux plaisir,

B iij

Dont le jeu ny le vin n'ont touché le desir,
On les estime morts au milieu de la vie.

SIMIAS.

C'est veritablement l'erreur de la pluspart des hommes.

SOCRATE.

Au reste, il ne faut point penser que l'esprit se puisse en aucune sorte ayder du corps, pour paruenir à la cognoissance des choses: car les sens corporels ne sont point entiers ny asseurez. La veuë & l'ouye sont les principaux, & puis que ceux-là nous trompent manifestement, que faut-il attendre des autres? Il faut donc que l'ame se retire à part, & que les yeux fermez & les oreilles closes sans aucun diuertissement de douleur ny de ioye, elle se ramasse en soy mesme, laisse là le corps à part, & sans doute en cet estat, elle se dispose à sentir la verité des choses, & à la cognoistre. C'est où tu vois combien l'esprit d'vn Philosophe tient le corps à mespris: car il fuit de luy, & meine sa vie à part. Encore Simias, ie te veux faire aduiser de cecy, ce que nous appellons, ou iuste, ou bon, ou beau, est-ce quelque chose, ou si ce n'est rien?

SIMIAS.

C'est sans doute quelque chose.

SOCRATE.

Cela se peut-il voir des yeux corporels, non plus que santé, grandeur, force, & toute autre essence, c'est à dire, ce qu'vne chose est, les yeux le voyent-ils? ou quelque autre sens corporel le peut-il comprendre? Certes nullement : car c'est vn effet de la pensee, & de la meditation de l'ame, & pour y venir, il faut se porter entierement dans l'imagination, s'esloigner de tous les objects par où le corps nous peut destourner, & resuer profondement dans l'ame, sans rien communiquer du discours aux facultez du corps, qui ne faict que troubler l'esprit, & luy mettre des nuées au deuant de la verité. De là, tu vois que les Philosophes se doiuent tenir en leur opinion, & raisonner ainsi entr'eux mesmes. Il est donc clair & facile à trouuer par la voye de nostre propre sens, que tant que nous aurons vn corps, & que nostre ame sera meslee à la contagion de tant de mal, il nous est impossible de bien obtenir ce que nous desirons. Car le corps nous donne des empeschemens sans nombre, qui nous viennent de la necessité de sa nourriture, & quel moyen de venir à la pure cognoissance de la verité au trauers des conuoitifes, amours, craintes, efperances, & d'vne infinité d'images que les vapeurs donnent au cerueau, d'air & de fumee? Les guerres & feditions ne nous entrēt dans l'efprit que par la cupidité, ou par l'alteration du corps; car tout fe fait pour l'amour de l'argent, & on eft contraint de chercher de l'argent pour l'amour du corps, d'autant qu'il eft neceffaire à fon vfage, & cela ne laiffe point à l'efprit la liberté qu'il luy faut pour l'eftude de la Philofophie. Vn objeƈt aymable peut à l'inftant deftourner l'ame la plus tenduë à fon difcours.

Qu'vne beauté vienne à paffer,
Deuant les yeux d'vn homme fage,
L'effort que faiƈt vn beau vifage,
Luy diuertira le penfer,
Et luy faifira le courage.

Et telles autres nuees qui s'efleuent ordinairement du corps, pour faire ombre à l'efprit, & troubler l'imagination.

L'homme n'a point de liberté
Et ce que la diuinité
Nous donne d'ardeur & de flame,
Relafche fes plus beaux efforts,
Tant que le fentiment du corps,
Participe à celuy de l'ame.

Ce que nostre espoir a de beau,
Est renfermé dans le tombeau,
C'est où le sage doit attendre,
L'euenement de ses desirs
Et le comble de ses plaisirs,
Que l'Enfer ne luy peut deffendre.

Ainsi la contagion du corps estant si contraire à la contemplation, il s'ensuiuroit que nous ne pouuons estre sçauans, ou que c'est apres la mort, & que tant que nous viuons, à mesure que nous nous tenons separez du corps, nous faisons plus de chemin vers ceste science, que nous attendons parfaicte apres ceste vie.

Quittans la masse de la cher
Parmy les vers enseuelie,
Le sçauoir qui nous est si cher,
Alors succede à la Folie.

C'est à lors que nous allons recüeillir les fruicts de la Philosophie, & que de nous mesmes, sans trauail, nous trouuerons la vraye sagesse, & la cognoissance de ce qui est entier, c'est à dire du vray, & nostre ame simple & pure, loing de la contagion du corps, & de ses frenesies, se trouue dans vne conuersation bien-heureuse, d'autres esprits ainsi purs & sages: autrement pleins d'infection & des grossieres humeurs, que le corps tire de la terre, serions-nous dignes de la societé des esprits purs, qni demeurent là haut?

SIMIAS.

Ceux qui ont enuie d'apprendre, doiuent sans doute ainsi parler & croire. S'il est ainsi, dit Socrate, celuy qui s'en va en l'autre monde où ie vay, doit estre bien aise: car il s'en va où il est asseuré de trouuer en abondance, ce qu'il a cherché icy auec tant de soing durant la vie.

  Et ne crois point que ie m'estonne,
Pour la contrainte de partir,
Ny que ie pense à diuertir,
Le congé que la mort me donne.
Ie beny le Iuge, & la Loy,
Ceste rigueur ne m'est point dure,
Et quiconque aura l'ame pure,
Aymera la mort comme moy.

Et ceste purification d'esprit n'est autre chose que le retirer d'auec le corps autant qu'on peut.

  L'ame n'est point nette & purgee,
Tant qu'elle demeure engagee
Souz la stupidité du corps,
Et languit tousiours asseruie
Aussi bien dans la nuict des mors,
Que dans les clairtez de la vie.
Il luy faut donner des obiects,

Loing des ressentimens abiects,
Dont la masse du corps la pique.
Sans cela le raisonnement
Dont sa diuinité s'explique,
Ne paroist iamais clairement.

Aussi nette de ceste contagion, elle void la verité, & trouue en elle mesme de grandes & pleines matieres de se contenter. Le mestier du Philosophe, est de la rendre telle, il ne trauaille qu'à cela: aussi estant paruenu à son dessein, il faut croire qu'il en a bien de la ioye, & que cela est incompatible qu'il mette tant de soing à rēdre son ame toute separee du corps, mesme dés le temps de la vie, & qu'il fust fasché de la mort où son esprit ne peut estre autre chose, que ce qu'il a desiré qu'il fust tant qu'il viuoit, c'est à dire parfaictement sçauāt, & libre du commerce du corps, comme il taschoit à s'en despetrer, & d'auantage pour ne trouuer point absurde que les Philosophes se plaisent dans la mort, considerons:

Si pour l'amour d'vne maistresse,
D'vn amy, d'vn fils, d'vn parent,
Vn violant desir nous presse,
De le suiure mesme en mourant.
Et iusques dans les bords funestes
D'vn ruisseau qui n'a point de fons,
Au trauers des feux & des pestes,

Reuoir des Manes vagabons.
Laissans à nos molles pensees
Pleines d'amour & de pitié,
Rebaiser dans les Elizees,
Les ombres de leur amitié.
Vn Philosophe de qui l'ame
N'a d'amy, de parent, de femme,
Que la sagesse & le sçauoir,
Ne craint point de finir sa vie:
Car c'est ainsi qu'il pense voir,
Tout ce dont il auoit enuie.
Et sans doute à lors que nos yeux,
Laissent leur clairté coustumiere,
Ils trouuent en des plus beaux lieux,
De plus beaux esclats de lumiere.
Et nostre esprit qui void icy
La verité dans vne nuë,
Apres la mort mieux esclaircy,
La void entiere & toute nuë.

C'est bien donc hors d'apparence qu'vn Philosophe se fasche de mourir, puis qu'il est passionnément amoureux de la vraye sagesse qui ne luy peut arriuer qu'en la mort. De là il s'imagine veritablement que ceux qui ayment tant la vie, & ne peuuent la perdre qu'auec douleur, ne sont pas Philosophes.

Le sage auec plaisir eschappe à son lien,
Et n'est iamais fasché de renoncer au bien,

Où l'auare se fie;
Et quiconque finit auecques du regret,
N'a iamais entendu le bien-heureux secret
De la Philosophie.

Celuy qui a du regret à la vie, tesmoigne ouuertement que sa passion estoit moins à l'estude de la sagesse, qu'au seruice de quelque beauté, & à la recherche d'vne vaine gloire, ou à la poursuite des richesses. Au reste ceste vertu de resister aux afflictions, est de ne se point lascher aux voluptez, l'vne desquelles on appelle courage, & l'autre temperance, n'appartiennent proprement qu'aux Philosophes: car dans l'esprit des autres hommes, ces vertus à les bien entendre, sont absurdes, puis qu'il est vray qu'ils estiment la mort, vn des plus grands malheurs du monde: s'il viennent à la souffrir constamment, & auoir moins d'horreur, il faut que ce soit pour la crainte de plus grands maux: si bien qu'ils sont vaillans de peur, & sans l'apprehension d'vn plus grand mal, ils auroient moins de courage à supporter la mort. Pour la vertu de temperance, ils ne la sçauroient auoir, car la temperance proprement,

C'est donner la borne aux desirs,
Et parmy les honteux plaisirs,
Où la chair languit endormie,

Tenir l'ame à sa liberté,
Et la sauuer de l'infamie,
Où la presse la volupté.

Ceste vertu ne se donna iamais qu'à v
Philosophe: les autres en l'estude de la tem
perance s'ils s'abstiennent d'vne volupté
c'est pour se rendre plus capables d'vne au
tre, & ne surmontent iamais vne mauuais
passion, qu'apres estre vaincus d'vne pire
ainsi ne sont-ils iamais temperans que pa
intemperance. Or prenons garde icy qu
nous ne pensions que ce soit la voye de l
vertu, que ce changement de voluptez, d
craintes ou douleurs l'vn à l'autre, & la
moindre à la plus grande, comme vn chan
ge de monnoye: mais que la bonne piec
est seulement celle qui faict changer le reste,
& le mettre en vente: c'est à sçauoir la sagesse
& la prudence, pour laquelle & auec laquell
toutes choses sont achetees & venduës, & que
c'est aussi la fortitude ou courage, la temperance & iustice; & en somme la vraye vertu
auec la sagesse, & la prudence sans en oster les
voluptez ou craintes, & autre sorte de passiós
qui suruiennent; ou si separee de la sagesse, elle ne vient point à changer en elle mesme, &
que telle vertu ne soit qu'vne vertu seruile,
vne ombre, & vne apparence, qui n'ait en soy
rien de sain ny de vray, & que la pureté &

erité de la vertu soit en la purification de
tout cela, & que la temperance, la iustice, fortitude, & sagesse soit vne sorte de purification.

 Ie crois que les premiers mortels,
 Meritent presque des Autels
 Tant leur ame fut curieuse
 D'obliger la posterité,
 En nous laissant la verité,
 Sous vn'ombre mysterieuse.
 Leurs preceptes nous ont appris,
 Que les lourds & vilains espris
 Dont l'humeur pesante & grossiere,
 En viuant ne se purge pas,
 Se trouuent apres le trespas
 Enseuelis dans la poussiere.
 Ces froides horreurs de l'Enfer,
 Ceste nuict, ces vieux lits de fer,
 Où se vont coucher les furies,
 Ce gros chien qui jappe au portal,
 Ces grandes plaines de voiries
 Sont leur eternel hospital.
 Mais vn esprit que la vertu
 A sceu piquer de son estude,
 Et qui tient dans la seruitude
 Le desir du corps abbatu,
 Quittant le monde il quitte la misere,
 Et prenant au Ciel son quartier,
 Au lieu de rencontrer ou Charon, ou Cerbere,

Il ne void que des Dieux en son heureux sentier.
Pour trouuer hors de ceste vie vn sejour heureux, il faut estre homme de bien, & n'auoir point l'esprit souillé des vices du monde: cet comme on dit, il y en a beaucoup qui portent le Tyrse, mais peu qui soient des Bacchus. Par ces Bacchus, i'entends ceux qui ont Philosophé de bonne sorte, parmi lesquels ie ne pense point estre des derniers, ce que ie sçauray bien tost si Dieu le permet: car ie n'ay plus guere à l'essayer. Voyla mon excuse, ô Cebes! Pour la constance que tu me reproches, lors que ie laisse ainsi mes amis sans regret, c'est que i'espere en trouuer d'autres, où ie vay, qui ne valent pas moins que ceux-cy. Ie sçay bien que peu de gens ont ceste creance: mais si les discours que ie vous viens de faire pour ma deffense, vous ont mieux persuadé qu'aux Atheniens, me voila contant & tout va bien. Tout cela, dit Cebes, est tres-bien discouru, tu as traitté toutes ces matieres tres-bien à mon gré: il faut que ie te fasse vne question, & que ie te mette en discours pour ce qui est de l'ame particulierement : car plusieurs doutent qu'elle soit immortelle, & quelques vns croyent,

Que l'ame dans vn corps viuant
Qu'vn peu de feu tient allumee,

En la

En la mort n'est qu'un peu de vent,
Qui se perd comme une fumee.
Que si tout l'homme ne meurt pas
Du coup de ce commun trespas,
Ie crois qu'apres ceste lumiere
L'ame est en sa perfection,
Et trouue une condition
Plus heureuse que la premiere.
Socrate ce que tu promets
Des biens qui durent à iamais,
Dedans le logement Celeste;
Aduiendra comme tu le dis,
S'il est vray que nostre ame reste
Quand le tombeau tient refroidis,
Soubs une glace à tous funeste,
Les organes qu'elle eut iadis.

Voyons donc, dit Socrate, ce que nous trouuerons de probable en ceste matiere: ie la trouue serieuse, & ne pense point que on puisse dire que ie m'amuse icy en des discours qui n'en vallent pas la peine. Considerons premierement: s'il faut aduoüer que les ames des morts sont aux Enfers, ou si elles n'y sont point.

On croit de longue main que les esprits des morts!
Que les siecles passez ont appellez des ombres,
Apres auoir quitté la despoüille du corps,
Occupäs dans l'Enfer quelques demeures sombres

C

Et que n'estant point asservies
Dans un trespas perpetuel,
Par un changement mutuel
Elles font de nouuelles vies,
Et quittant les royaumes vains
Reuiennent dans des corps humains.

Que si cela est vray que des morts les viuans puissent encore renaistre, nos ames seroien là sans doute: car elles ne sçauroient reue nir à la vie, si elles n'estoient en quelque part. C'est donc vne coniecture assez suffisante pour nous faire entendre que nos ames son là, s'il est vray que les viuans ne puissent ve nir que des morts. Que si cela n'est point il nous faudra trouuer vne autre raison pour bien comprendre cecy ne prenons pas garde seulement à ce qui est des hom mes: mais encore de toute sorte d'animau & de plantes, & de toutes les choses a monde qui s'engendrent; consideron s'il n'est pas vray que chaque chose se fass de son contraire, pour tout ce à quoy eschet d'auoir vn contraire, comme beau, & le laid, le iuste & l'iniuste sont con traires & mille autres choses, comme cela sçauoir s'il est necessaire que ce qui a v contraire ne puisse en aucune sorte est faict que de son contraire par exemple

[q]ui se faict plus grand, il est necessaire que de
[c]e qu'il estoit auparauant, c'est à dire, d'v-
[n]e chose moindre, il soit ainsi deuenu plus
[g]rand, & de mesme ce qui se faict à cest'heu-
[r]e moindre, s'est faict ainsi moindre en se di-
[m]inuant de quelque chose plus grande: de
[m]esme ce qui se faict plus robuste, c'est d'a-
[u]oir esté plus foible, ou plus meschant, d'a-
[u]oir esté meilleur, ou plus tardif, d'auoir
[e]sté plus viste. C'est ainsi que nous trou-
[u]ons que toutes choses se font de leur
[c]ontraire. Or il se trouue vn milieu entre
[c]es deux contraires, ce qui est la genera-
[t]ion, le progrez ou passage de l'vn à l'autre,
[c]omme entre ces deux contraires plus
[g]rand, & moindre, le milieu c'est l'accrois-
[s]ement & le descroissement: ainsi nous di-
[s]ons que l'vn diminuë & que l'autre croist,
[c]omme du froid & du chaud, on dit aussi
[e]schauffer & refroidir, & cela comme tous
[a]utres contraires, se discernent ainsi, & se con-
[f]ondent mutuellement. Et combien que le
[n]om des choses en plusieurs endroicts vien-
[n]e à manquer, tenons en effet que tout
[s]e fait de son contraire, & que leur milieu,
[c]'est la generation qui passe de l'vn à l'au-
[tr]e. Au reste ce que nous appellons, n'a-il
[p]oint son contraire, comme veiller a pour
[s]on contraire dormir, & viure aussi a pour

C ij

son contraire mourir? ces deux choses ne se font-elles pas l'vne de l'autre, puis qu'elles sont contraires? Et n'ont-elles point deux generations ou progrez, comme elle sont deux pour reuenir de l'vne à l'autre? Ainsi comme le veiller & dormir sont deux contraires, mourir & viure le sont aussi; comme du sommeil se fait la veille : & de la veille le sommeil, ainsi de la vie se faict la mort, & de la mort aussi la vie. (Et puis qu'il est ainsi, & que si necessairement il se fait quelque chose du mort, il faut que ce soit vn viuant, nos ames sont sans doute aux Enfers) comme la generation & progrez du veiller au dormir s'appelle sans dormir, & comme le progrez & generation du dormir au veiller s'appelle s'esueiller, ainsi le progrez de la vie à la mort s'appelle trespasser, & le progrez & la generatiõ de la mort à la vie, ne se trouuera-il point? La Nature seroit-elle manque & defectueuse en ce seul point? Il ne le faut pas croire. Nous trouuerons donc la generation de la mort à la vie, & ce progrez s'appellera ressusciter; si bien que des morts viennent les viuans, aussi bien que des viuans se font les morts. Et de là s'ensuit qu'il faut necessairement que les ames des morts soient en quelque lieu, d'où elles puissent reuenir sans ce rechangement d'vne chose à l'autre, & sans ce progrez de generation, par lequel les choses se refont ainsi d'elles mesmes, & reuiennent dans la nature, comme par vn tour de cercle tout à la fin tomberoit en mesme figure; & rien ne se feroit plus, cóme si toutes les choses venoient à tomber dans vn profond sommeil, dont elles ne peussent se releuer iamais. Tu crois bien que toutes choses seroiét à la fin reduites en vn mesme estat, & sans doubte.

Ce qu'on dit d'vn berger amoureux de la
    Lune,
Dont iamais le sommeil n'a peu fermer les yeux
Ce n'est que le discours d'vne fable importune,
Et le foible entretien d'vn esprit odieux.

Que si toutes choses venoient à se confondre, & se mettre en estat de n'estre point discernees, il arriueroit ce que dit Anaxagoras, que toutes choses sont ensemble.

L'ombre esteindroit ceste lumiere,
Et les Elemens desmolis,
Se trouueroient enseuelis
Dans la difformité premiere.

Car si ce qui est en vie, meurt, & qu'estant mort il ne puisse ressusciter, il s'ensuiura que tout finit; & que rien ne peut viure.

Tout ce que le Soleil void naistre,
Est contrainct de laisser son estre
Dans les las d'vn mortel sommeil,

Si de là rien ne nous deliure,
Pour reuenir vers le Soleil,
En fin tout cesseroit de viure.

Mesme bien que les viuans donnent vie à d'autres, si tous sont subiets à perir sans renaistre à la fin, pourroit on voir aussi tout esteint? Ie le crois, dit Cebes, & ne pense point auoir esté surpris pour mettre à cecy, qu'il y a vne resurrection; que des morts ils reuient d'autres viuans, & que les ames deuiennent apres les corps, & qu'apres ceste vie les bons en trouueront vne meilleure, & les meschans vne pire. Cecy me remet au souuenir de ce que tu as accoustumé de dire, que toute nostre discipline n'est qu'vne reminiscence. S'il est ainsi, il faut qu'en vn autre temps auant qu'estre en ce monde, nous ayons appris ce, dont il nous souuient maintenant.

Ce qui vient dans les fantasies
Des plus belles ames saisies
D'vn desir ardant de sçauoir,
Est comme vne leçon seconde,
Par où nostre esprit va reuoir
Ce qu'il vid en autre monde,
Et ne faict que s'entretenir,
Des choses autrefois cognuës,
Que l'ombre d'vn ressouuenir
Auoit encores retenues.

ce qui ne se peut, sans que nos ames ayent esté ailleurs auparauant, que de venir en ceste forme humaine.

De là se tire vn iugement,
Que nostre ame a vescu chez elle,
Loin de ce mortel logement,
Pour monstrer qu'elle est imortelle.

Ie te prie, ô Cebes, dit Simias, dy moy quelle demonstrations tu as pour nous prouuer ton dire? En voicy vne tres-belle raison, respond Cebes, que les hommes quãd on leur demãde quelque chose, si c'est quelqu'vn qui les sçache bien interroger, ils respondent à propos, & disent les choses cóme elles sont; ce qu'ils ne sçauroient faire, s'il n'en y auoit dans leur esprit quelque certaine science & vne raison droicte; & si on les applique à la geometrie en ses figures & descriptions, on verra que nos esprits ont certaines cognoissances desia acquises.

Alors qu'vne diuine flame
Auec des incogneus ressorts,
Pousse les mouuemens de l'ame
Dedans la masse de nos corps,
Des communes intelligences
Que l'esprit ne sçauroit cacher,
Et les sentimens des sciences,
Se communiquent à la cher.

C

Les raisons que Cebes amena, contenterent Simias, & luy remirent dans l'esprit la persuasion qu'il auoit eu auparauant toute autre, & creut que leur discipline n'estoit autre chose qu'vne reminiscence, il eut toutesfois enuie d'en ouyr parler Socrate, en discourant ainsi.

SOCRATE.

Pour ce resouuenir de quelque chose, il faut l'auoir sceu auparauant, quand la science de quelque chose nous vient de ceste façon, il faut aduoüer que c'est vne reminiscence, & voicy comment ie le prends : si quelqu'vn apres auoir veu quelque chose, ou entendu, vient à se ressouuenir, non seulement de cela, mais encore de quelque autre chose en suitte dont la cognoissance est differente, le ressouuenir de ceste chose esloignee s'appelle reminiscence, comme par exemple la cognoissance d'vn homme, & d'vn luth sont de choses differentes, & lors qu'vn amoureux vient à voir le luth, dont il a veu iouër sa maistresse, il se souuient aussi tost de sa maistresse.

Si ie passe en vn iardinage
Semé de roses & de lys,
Il me ressouuient de Philis,

Qui les a dessus son visage.
Diane qui luit dans les Cieux
Tousiours ieune, amoureuse & belle,
Me la remet deuant les yeux,
Pource qu'elle est chaste comme elle.
Ie la vois si ie vois l'Aurore,
Et quand le Soleil luit icy,
Il me ressouuient d'elle aussi,
Pource que l'Vniuers l'adore,
Les graces dedans vn tableau,
Le petit Amour & sa flame;
Bref tout ce que ie voy de beau,
Me la faict reuenir dans l'ame.

Ainsi pensant à Cebes, on peut aussi penser à Simias, & cela s'appelle reminiscence: mesme lors qu'il arriue qn'on se ressouuient des choses que la longueur du temps, & la nonchalance auoient effacees de la memoire, & ne se peut-il pas faire que voyant vn cheual peint, ou vn lict peint, on vienne à se ressouuenir d'vne personne? & qu'à voir la peinture de Simias, on se represente aussi Cebes; & sans doute aussi voyant Simias peint, on se ressouuient de Simias? Ainsi voyons nous que la reminiscence arriue par le moyen de ce qui est approchant & semblable, & par le moyen aussi de ce qui est dissemblable.

*Au seul ressouuenir d'auoir couru les eaux,
Nos rapides pensers volent dans les estoilles,
Et le moindre instrument qui sert à des vaisseaux
Nous fait ressouuenir du cordage & des voiles.*

Mais alors qu'on vient à se rememorer d'vne chose, par quelque chose qui luy ressemble, il faut sçauoir recognoistre par dessus du deffaut en la ressemblance de la chose qui nous reuient au souuenir. Vn peu d'attention icy; disons-nous pas qu'il y a quelque chose qui s'appelle esgal? ie n'entends point d'vn bois esgal à vn autre, ou vne pierre à vne autre, ou autres choses de mesme: mais i'entends quelque chose hors de tout cela, qui s'appelle l'esgal, & cét esgal est-ce quelque chose? Sans doute, respond Simias, & des cognoissances de l'esgal nous est venuë pour auoir veu des bois & des pierres ou autres choses esgalles, nous auons imaginé cet esgal, qui est autre chose que les bois ou pierres, ou autres choses esgales: car ce mesme bois ou pierres se disent quelques-fois esgaux, & quelquesfois inesgaux pour diuers respects: mais ce qu'on appelle esgal ou inesgal, esgalité ou inesgalité, est toujours & ne change point. C'est pourquoy les choses esgalles & l'esgalité ne sont pas mesme chose, & cependant de ces choses esgales qui e sont point l'esgal, nous auons tiré la conoissance de l'esgal. Ainsi soit du semblable ou du dissemblable. Alors que par vn obiect vous vous representez quelque autre chose, soit semblable ou non; il se faict necessairement vne reminiscence. Or voyons si nous procedons enuers les choses qui sont dans celles que nous appellons maintenant esgales, bois, pierres & autres choses, faut-il penser qu'elles soient aussi esgales que l'egal mesme? il s'en faut beaucoup. Ne confessons nous point qu'vn homme qui void & considere attentiuement vne chose, laquelle il desire estre pareille, & tout à fait à vne autre chose qui l'est en effect, s'il void que ce qu'il desire deuienne tel, & est deffectueux, & qu'il cognoisse qu'il differe, & est esloigné de beaucoup de ce qu'il voudroit qu'il peust deuenir, il faut que cet homme ait veu & cogneu autresfois la chose, & la perfection à laquelle il cognoist, que ceste autre chose ressemble vn peu, où il cognoist qu'elle ne peut paruenir entierement. Il nous en arriue de mesme en ce discours de l'esgal : car il faut que ce que nous appellons esgal, que nous auons cogneu d'abord, par les choses esgales, & qui est plus qu'elles, & à la perfection duquel les autres taschent d'atteindre, il faut que ce soit necessairement quelque chose que nous auons eu autrefois dans l'esprit: mais que nous ne l'auons sceu cognoistre, que par quelqu'vn de nos sens, veuë, ouye, attouchement, ou quelque autre semblablement. Il faut faire voir, ô Socrate, que ce dont il est question s'en va là, & se traitte de mesme. Et c'est sans doute de la faculté des sens que nous entendons, que toutes les choses qui sont sousmises au sens, appetent ce qui est esgal, combien qu'elles ne se puissent atteindre. Il en est ainsi, dit Socrate, car auant que nous commençassions à voir, ny ouyr, ou vser de quelque autre sens, il falloit bien que nous eussions la cognoissance du vray esgal, c'est à dire, ce qu'est l'egalité, puis que nous luy voulons rapporter tellement les choses esgales sousmises au sens, que nous sçachions iuger qu'elles taschent à deuenir iusqu'à ce poinct où est l'esgal mesme: mais qu'elles demeurent imparfaictes, & n'y peuuent paruenir. Cela, dit Simias, suit necessairement de ce que nous auons dit cy-dessus. Or dit Socrate,

Aussi tost qu'vne creature
Vient à paroistre en l'vniuers,
Chacun des sens de la nature
Trouue ses obiects descouuerts.
Nostre ame d'abord est pourueuë,

Dans vn corps sans empeschement,
D'ouye, de goust, & de veuë,
D'odorat & d'attouchement.

Dés le moment que nous nasquismes, nous commençasmes à voir & ouyr, & d'entrer en la cognoissance de tous les autres sens, & falloit qu'auparauant nous eussions eu la cognoissance de ce qui s'appelle esgal. Partant il est necessaire que nous l'ayons compris auant que de naistre. Que si nous auons eu ceste cognoissance deuant nostre natiuité, il est probable que nous l'auions aussi en la naissance, & que nous sçauions deuant que de naistre, & aussi tost apres estre nez, que c'est que l'esgal plus grand ou moindre, beau, bon, iuste, sain, & autres, ausquels nous assignons proprement & attribuons vn estre veritable, & en interrogeant, & en respondant. Si bien qu'il est necessaire que nous ayons eu la cognoissance de tout cela auant que de naistre. Que si apres auoir receu des sciences, nous venions à ne les point oublier, comme nous faisons, il s'ensuiuroit que nous serions nez auec les sciences, & que durant tout le cours de nostre vie, nous les garderions & sçaurions tout. Or oubly n'est autre chose, que perte de sçauoir. Que s'il est vray qu'estant nez nous ayons perdu le sçauoir, que nous auions auparauant, & apres par l'ayde des sens nous recouurions ce sçauoir, ce que nous appellons apprendre, seroit ce point recouurer nostre propre sçauoir, qui estoit à nous auant que de naistre? & ce recouurement se peut-il point appeller vn ressouuenir? car il aduient aussi comme nous auons desia fait voir, qu'en oyant, ou voyant quelque chose, on se remet souuent en l'esprit quelque autre chose, soit semblable ou non, à celle qu'on voit ou qu'on oyt, ce qui s'appelle se ressouuenir. Ainsi de deux choses l'vne, ou nous naissons sçauans, & le sommes toute nostre vie, ou ce que nous apprenons s'appelle ressouuenir, & toute la discipline n'est autre chose qu'vne reminiscence, & lequel des deux, Simias, aymes-tu le mieux aduouër, ou que nous naissions sçauans, ou que nous venions apres à nous ressouuenir des choses que nous auons sceuës autresfois? Ie ne sçay, respond Simias, lequel des deux ie dois choisir, & nous pourrois-tu bien dire quel en est le meilleur choix à ton aduis? Comment, dit Socrate, vn homme sçauant ne peut il point rendre raison de ce qu'il sçait? Il le faut bien, respond Simias. Et te semble-il, Simias, que tous soient capables de rendre raison de ce que nous traittons icy? Pleust à Dieu, dit Simias.

Mais tout sera finy demain,
Et dés que l'Arrest inhumain
T'aura fait aualler le verre,
Ceste matiere va perir,
Car qui peut-on aller querir,
En tous les endroicts de la terre,
Qui nous puisse ainsi discourir?

I'ay grand peur que demain il ne se trouue plus personne qui puisse dignement discourir de ce subiect. Socrate. Tu crois donc bien que tout le monde ne l'entend point. Certes, c'est mon opinion. Il faut donc puis qu'ils ne le sçauent pas, & que tous l'ont sceu autresfois, s'ils viennent à l'apprendre, que ce soit vn ressouuenir, & quand est-ce que nos ames ont receu autresfois les sciences? Ce n'est pas apres que nous fusmes nés, mais auparauant. C'est pourquoy, Simias, il faut qu'auparauant de venir en ceste forme humaine, que nos ames ayent esté quelque part auec sçauoir & intelligence, si ce n'est que peut estre, ô Socrate, nous ayons receu le sçauoir au propre moment de la naissance. Peut-estre, dit Socrate. Mas si nous les auons receuës en ce temps là, où est le temps auquel nous les auons perduës, sinon que nous les ayons perduës en les receuant. Ne sçaurois-tu trouuer quelque autre temps? dit Socrate. Nul que ie sçache, dit Simias; & ceste derniere doute que ie te viens de dire, n'est rien du tout. Apres tout, dit Socrate, si ce que nous appellons beau, iuste, & toute autre essence est quelque chose en nostre entendement: & que cela ait esté autresfois en nous, & que reuenant à le rechercher nous l'aprenions, & la faissions reuenir en l'esprit, il est aussi vray que nostre ame a esté autresfois, mesme auparauant nostre naissance; si bien que comme il est certain que ces choses-là, beau, iuste, bon, & autre essence sont quelque chose, c'est aussi vne necessité que nos ames ayent esté auant que nous vinssions sur la terre. Il est assez clair, dit Simias, personne n'en peut guere douter apres ton discours, là dessus ma curiosité.

Laisse mon esprit en repos,
Et tire de tes vrays propos,
Des consequences necessaires,
Mesme Cebes de qui la foy
Chancelle és choses les plus claires,
Prend tes raisons pour vne loy,
Chacun de nous qui les escoute,
Y trouue ce qu'il a voulu,
Et demeure tout resolu,
Sans aucun ombrage de doute.

Sçache

DE L'AME.

Sçache donc que nous tenons infailliblemẽt que nos ames ont esté auant nos corps ; mais pource qui est de l'aduenir, sçauoir si elles sont apres la ruyne des membres, où elles viuent auiourd'huy.

Quand nos corps trespassez d'vne pierre couuers
Changent les os en poudre, & la charongne en
vers.

C'est dequoy personne de nous à mon aduis, ne se trouue encore persuadé. Car il n'est point incompatible qu'elles ayent esté auparauant la vie corporelle, & pendant la vie ; & que nonobstant elles cessent en la mort, puis que nous demeurons d'accord, que les ames ont esté auant que d'entrer dans les corps. Nous auons à demy monstré qu'elles sont aussi apres qu'elles en sont sorties; car si du viuant s'est faict le mort, du mort aussi se doit faire le viuant, & si l'esprit est venu pour animer le corps, & qu'il soit venu du pays des morts; il faut aussi que sortant de ceste vie, il s'en aille vers les morts, & qu'il soit là en quelque lieu, d'où il puisse encores reuenir, & quãd il faudra : Mais peut estre estes-vous dans les craintes des petits enfans.

Il vous semble qu'vn peu de vent,
Aupres des léures se leuant,
Parmy ses tourbillons emporte

D

La flamme qui s'en va dehors,
Et que l'ame demeure morte,
En la sepulture des corps.
Mesme que si la douce haleine
De quelque delicat Zephir
Reçoit nostre dernier souspir,
L'Ame passe auec moins de peine;
Et que ce petit traict de feu
S'esuanouyssant dure vn peu:
Mais si d'auanture il arriue,
Que l'esprit courant aux sablons,
Qui couure l'infernale riue,
Trouue en chemin des Aquilons;
Sa route est discontinuee,
D'abord il bronche au monument,
Et se dissipe en vn moment,
Bien plus viste que la nuee.

Ie ne sçay si parmy vous, il n'y a point quelque esprit malade de ces imaginations d'enfant. Pour vous purger de telles fantaisies,

    Et pour vous empescher de craindre
Les Chimeres d'vne vapeur,
Que l'esprit troublé de la peur,
Ne se peut empescher de faindre.
    Si la vertu de discourir,
N'est capable de vous guerir,
Il ne faut qu'vne medecine
De breuets & d'enchantemens,

Pour oster toute la racine
De vos sots espouuentemens.

ais apres que tu seras party (dit Cebes) où
rouuerons nous vn Medecin qui nous sça-
he appliquer ces remedes?

Si vous auez bien ce desir,
La Grece vous donne à choisir,
Des Esprits qu'on estime au monde les plus rares,
Et s'il vous plaist de voir ailleurs,
Visitez les pays des nations barbares,
Si vous pensez que là se trouuent les meilleurs.

N'espargnez ny soing ny fortune,
Cherchez en terre & sur neptune,
Les riches cabinets de ses diuins thresors,
Apprenez comme quoy l'on meurt & ressuscite,
Et pour l'amour de l'ame accoustumez le corps
A dormir dans le bruit du fabuleux Cocite.

Mais quoy qu'vn Estranger vous puisse
auoir appris,
Et que son sçauoir vous contente,
Examinez aussi vous mesmes, vos esprits
En ceste matiere importante,
Et possible que parmy tous,
Quoy que nostre pays se vante,
Il s'en trouuera peu qui vaillent mieux que vous.

ais reuenons à nostre premier propos, &
querons-nous premierement, qu'est-ce
qui il eschet ceste passion, que d'estre dis-
ult? Et qu'est-ce qui doit craindre tel ac-

D ij

cident ou paſſion, & par quelle partie? Il faut conſiderer apres, qu'eſt-ce que noſtre ame; & ne prendre de ces choſes là, ny crainte, ny eſperance, qu'en faueur de noſtre ame. Il eſt certain que ce qui ſe compoſe & ce qui eſt deſia compoſé entant que compoſé eſt ſubjet naturellement à eſtre diſſoult. Et quand il ſe trouue quelque choſe qui n'eſt point compoſee, c'eſt cela ſeulement qui ſe trouue exempt de ſe voir diſſoult: Or ce qui enuers les meſmes choſes ſe trouue touſiours de meſme ſorte : cela ſans doute doit eſtre ſimple, & ce qui ne change diuers reſpects compoſez. Reuenons à ces diſcours que nous auons deſia laiſſez. L'eſſence qu'on appelle, dont la definition par interrogatoires & par reſponſes, nous a faict l'eſtre veritable de quelque choſe, ſe trouue touſiours de meſme, & ſelon meſmes choſes, comme l'eſgal, le beau, & tout autre eſtre né, demeure touſiours par ſoy meſme de meſme ſorte, & enuers meſmes choſes, ſans eſtre iamais capable d'aucune ſorte de changement. Car pour ce qui eſt de mille autres choſes que nous appellons belles, comme cheuaux, hommes, habillemens, & mille autres que nous liſons, ou belles, ou eſgales, & d'autres ſynonimes : à ceux-là ſe trouuent d'vne nature contraire à ses essences : car tout cecy est changeant, & pour son respect, & pour celuy d'autres choses, ne se trouuant iamais vn, ny de mesme sorte, & sont choses toutes perceptiles aux sens corporels : Mais ces estres veritables, & tousiours constans ne peuuent estre apprehendez ny cogneus que par les seules facultés de l'entendement. Ainsi il sera bon que nous posions deux especes de choses, vne des visibles, l'autre des inuisibles; & que l'inuisible est tousiours de mesme sorte : le visible non : nous sommes sans plus composez de deux parties de l'ame & du corps: Le corps est visible, l'ame ne se peut voir au moins des hommes : nostre discours n'est icy que de ce qui touche à la nature humaine, selon laquelle veritablement l'ame ne peut estre veuë. Le corps est de l'espece des visibles, l'ame des inuisibles. Et nous auons desia dit, que l'ame se voulant ayder du corps pour venir à l'intelligence de quelque chose, elle est trompee, & considere tout faussement,

L'Ame courant apres la verité,
Parmy la nuict de tant d'obscurité,
Où nostre chair la tient enueloppee,
Trouue nos yeux à son ayde impuissans,
Et sans se voir honteusement trompee,
Ne suit iamais la conduite des sens.

L'esprit serré de la mortelle escorce
Dans ses liens n'a point assez de force,
Pour bien tenir ses organes subjets,
Et corrompu dans ceste masse impure,
L'entendement discerne les obiects,
Tout au rebours de sa propre nature.

C'est la foiblesse du corps, qui faict ainsi pancher l'ame vers ces choses, que nous disons subjetes à mutations, & qui ne se trouue iamais de mesme.

Vn eau bien claire & d'vn roc descoulee,
Ne se peut voir à des torrens meslee,
Sans se troubler par des bourbeux destours,
Et nostre esprit tant soit-il pur & sage,
Parmy le sens ne passe son discours,
Sans le corrompre en ce vilain passage.

Mais quand l'Esprit se tient de son appuy,
Que tous les sens sont esloignez de luy,
Quand son discours à soy mesme se fie,
Loing des obiects de basse qualité,
Par les sentiers de la Philosophie,
Il va tout droict à l'immortalité.

Son mouuement le porte aux cognoissances
Des vrays obiects des plus simples essences,
Qu'on ne void point subiettes à changer,
C'est où l'esprit de luy mesme se range,
C'est ce qu'il ayme & fuit comme estranger,
Ce que Nature assubiettit au change.

,efte affection de l'efprit, & cefte difpofi-tion à fe tenir aux chofes qui font toufiours vnes, s'appelle Sapience & Prudence. Sans doute il nous faut aduoüer de là que l'efprit doit neceffairement eftre rangé en l'efpece de ces chofes incapables de mutation, & le corps au contraire. Au refte il faut remarquer encore,

>*Que l'efprit eft le plus puiffant,*
>*Et qu'au deffein de quelque chofe,*
>*Le corps par tout obeiffant,*
>*Se trouue toufiours agiffant,*
>*Ainfi que l'ame le difpofe.*
>*C'eſt honneur de commandement*
>*Eft vne glorieufe marque,*
>*Et les rigueurs de Rhadamant,*
>*Et les puiffances de la Parque,*
>*Ne mettent point au Monument*
>*Ce braue & c'eſt heureux Monarque.*

Nous pouuons bien iuger d'vne apparence affez claire, que c'eft aduantage de conduire & de commander eft quelque chofe de diuin, & que ces neceffitez d'obeyr, & de fuiure tiennent du terreftre, & du mortel. Ainfi de la fuitte de tous nos difcours precedens, nous trouuerons que l'ame eft tres-femblable à ce qui eft diuin, immortel, intelligible, d'vne feule forme, indiffoluble, qui eft toufiours de mefme forte, & en mesme estat, & que le corps au contraire se rapporte du tout à ce qui est humain, mortel, non intelligible, changeant de forme, subiet à estre dissoult, & qui ne se trouue iamais d'mesme sorte, ny en mesme estat. Sçaurois-tu, ô Cebes, amener des raisons au contraire, & prouuer comme quoy il peut estre autrement, que ce que nous disons? Nullement, dit Cebes.

SOCRATE.

Puis donc qu'il est ainsi, il s'ensuit donc que le corps est vne chose qui s'en va estre bien tost dissoulte, & qui apres la separation doit aussi tost n'estre plus, & que l'ame est quelque chose qui ne se peut aucunement dissoudre, ou quelque chose bien aprochante de ce qui est indissoluble. Ie le crois comme cela, dit Cebes. *(preme*

Et tu crois cependant qu'apres l'heure su-
Quand l'esprit s'esloignãt d'vne charõgne blesme,
Nous a laissé sans mouuement,
Le corps demeure encore auant que se dissoudre,
Et que mesme l'effroy du pasle monument
Trauaille assez lõg temps à le reduire en poudre.
Mesme quand la fureur d'vn sort trop insolent,
Rauit des corps bien sains par vn coup violent,
Leurs puissantes temperatures

Auec vn peu de soing se conseruent assez,
Et les Aegyptiens font bien des sepultures,
Qui des siecles entiers gardent les trespassez:
Et combien que la chair cede à la pourriture,
Comme estant de plus molle & plus fresle nature,
Le corps ne se dissipe pas,
Mais les nerfs & les os durent apres le reste,
Si bien que tout cela dure apres le trespas,
Combien que tout cela ne soit rien de celeste.

Cela Cebes, ne te donne-t'il point de doutes? Car nous disons que le corps comme mortel, visible, estoit dissoluble, & deuoit selon l'apparence finir tout aussi tost apres le trespas. Et qu'au contraire l'ame immortelle & inuisible deuoit seulement estre indissoluble, & s'en alloit sortant du corps se sauuer en quelque excellente retraite.

Que nostre ame toute inuisible,
Soudain que le corps expiroit,
Bien-heureuse se retiroit,
Comme par vn vol insensible:
Et viuant apres le trespas,
Elle auoit au ciel sa demeure,
Où les Dieux ne permettent pas,
Que iamais quelque chose meure.

Quoy? penserions-nous donc qu'elle se trompast en ceste esperance, & que pour ne rien voir d'elle apres sa separation d'auec le corps, il s'enſuiue qu'elle ne ſoit plus ? Nullement mes amis. Mais bien au contraire,

L'Ame dreſſant ſon vol vers la loge Eternelle,
Moins il ſe peut trouuer de peſanteur en elle,
Mieux elle a deſpoüillé la maſſe de la chair,
Plus viſte elle remonte en ſa diuine ſource,
Et ne peut rien trouuer capable d'empeſcher,
Les mouuemens heureux de ſa legere courſe.

Apres des vrays obiects où l'œil n'a rien voir,
Dans le profond ſoucy d'acquerir du ſçauoir,
Des paſſions du ſang dans le ſang deſpoüillee,
Elle demeure ferme en des pas bien gliſſans,
Elle fuit de la chair qu'elle cognoiſt ſoüillee,
Et vit en deffiance auecques tous les ſens.

Ainſi viuant touſiours auec ſoy retiree,
De la contagion de ſon corps ſeparee,
Elle n'emporte rien de ſes mauuaiſes mœurs,
Les deſirs, les amours, la crainte, la folie,
Et tout ce qui prouient des charnelles humeurs,
Demeure dans la chair au monde enſeuelie.

Pure & nette qu'elle eſt ayant trouué ſon port.
Dans le Ciel où iamais n'a peu venir la mort,
Elle y trouue ſa part de repos & de gloire,
Elle n'a de confort que les Dieux ſeulement,
Et ce que tout mortel eſt obligé de croire,
Ceſte felicité dure eternellement.

*Mais l'autre à qui les sens ont donné des de-
  lices,*
L'Ame à qui les vertus ont esté des supplices,
*Que le soing du sçavoir n'esmeut que par hor-
  reur,*
  Qui s'est avec le corps estroictement liee,
Et qui de lascheté suivant le vain erreur,
Faict gloire de se voir à la chair alliee:
    *Dans les plaisirs trompeurs dont nos sens
      abrutis,*
  Ne peuvent sans effort estre icy divertis,
  *Elle est comme assoupie, & languit dans des
    charmes,*
Sa volupté se rend insensible au remors
Et tout ce qui l'oblige à recourir aux larmes,
Ce n'est que le soucy d'abandonner le corps.
    Ainsi dans les desirs de la chair enyuree,
Elle n'en est iamais que fort peu delivree,
Et laissans un sejour qui luy fut si plaisant,
Elle ne void plus rien quittant ceste lumiere,
Et traine en l'autre monde un fardeau si pesant,
*Que son vol ne vient point au bout de la car-
  riere.*
  Dans le chemin du Ciel où l'esprit veut aller
Des grossieres humeurs l'arrestent parmi l'air,
Qui souffre à contrecœur ces impures matieres,
Si bien que ces esprits à la mercy des vents,
Vagabons sans retraicte autour des cimetieres,
Sont le rebut des morts & l'effroy des vivans.

Ce ne sont que les ames des meschans qu[i]
sont tousiours tourmentees, & auec de[s]
playes visibles, & des gemissemens qu[i]
semblent partir de quelque chose de cor[-]
porel, aussi ont-elles retenu beaucoup de l[a]
chair qu'elles ont habitee auec tant d'affection & de familiarité.

  Leur essence au trespas de ceste chair sortie,
De ses lourdes vapeurs emporte vne partie
Qui l'empesche d'aller où les bons ont leurs
 rangs,
Ainsi son vol rebrousse en la basse contree,
Et parmy les tombeaux ces fantosmes errans
Recherchent dans le corps vne seconde entree.
  Que si le cours du temps ramenant les saisons,
Redonne à ces esprits encore des maisons,
Selon leurs sentimens ils trouuent des organes,
Ils habitent les corps de diuers animaux,
Alors les ignorans ont la forme des asnes,
Et reuiennent au iour pour souffrir mille maux,
  L'vn qui de son viuant auoit l'humeur
 encline
Au dol, à l'iniustice, au sang, à la rapine,
Il reuient dans le monde en forme d'espreuier,
Il guette dans les airs où fondra sa furie,
Il siffle à la vapeur d'vn charongneux grauier,
Et de ces corps puants qu'on iette à la voyrie.
  Ceux qui n'ont faict viuans que boire & que
 manger,

DE L'AME

Dans des corps de pourceaux se viennent tous loger,
Et dans la mesme humeur qu'ils ont iadis suiuie,
Sans cognoistre que c'est de soucy ny de pleurs,
Faisans a leur retour vne pareille vie,
Vn bourbier leur plaist mieux, qu'vn pré semé de fleurs.

Ainsi chacun selon le naturel qu'il a retrouué des corps disposez à le receuoir : & les corps des bestes mourans reçoiuent encore leur vie des hommes qui retiennent les mesmes complexions.

Les vns qui sans venir à des sciences claires
Ont exercé viuans des vertus populaires,
Et qui moralement ont esté bonnes gens,
Qui par bonne coustume ont abhorré le vice,
Qui pour le bien public ont esté diligens,
Et dont les affligez ont tiré du seruice;
Au retour de la mort ie croy qu'ils sont remis
Dans quelque petit corps d'abeille ou de fourmis,
Qui viuãs doucemẽt en la terre où nous sommes,
Remplissent leurs cachots de froment ou de miel,
Ces petits animaux refont de mesmes hommes,
Mais rien de tout cela ne va iamais au Ciel.

Ce riche firmament ou brillent tant de flammes
Est vn chemin ouuert aux bien-heureuses ames,
Pour passer au sejour où les Dieux sont logez,
Nous entrons pour iamais en leur saincte alliãce

Apres que nos esprits ont esté bien purgez,
Et qu'ils ont surmonté la chair par la science.
Il faut donc bien philosopher tout le temp de nostre vie, pour atteindre à ceste puret qui nous porte au Ciel, & l'esprit qui se vou de bonne sorte à la profession d'vn estude excellent, ne se mesle iamais aux affections corporelles, & ne prend point de part aux soucis, dont le reste des hommes sont ordinairement trauaillez.

Le soing d'enrichir sa famille,
Ne le rend point plus diligent,
Il luy chaut fort peu qu'on le pille,
On ne le void iamais changeant
Pour la perte de son argent,
Ny de son fils, ny de sa fille.

Il ne fut iamais suborneur,
Pour briguer la Magistrature,
Aussi l'infamie & l'honneur,
Sont pour luy de mesme nature,
Et la peur & la sepulture,
Ne troublent iamais son bon-heur.

C'est le seul sçauoir qui l'asseure,
Et qui l'empesche de trembler,
Au moment de la derniere heure:
Car son esprit sans se troubler,
Se void du corps desassembler,
Sçachant bien son autre demeure.

il est bien aisé de mourir,
Et les ignorans au contraire,
Qui n'ont iamais sceu discourir,
Alors ne sçauent plus que faire,
Et loing du iour qui les esclaire,
Pensent entierement perir.

La raison pourquoy les Philosophes ont à la mort vne asseurance que les autres n'ont point, & qu'ils sçauent bien le lieu de leur retraite, apres estre sortis de ceste vie, c'est que leur esprit s'estant commis absolument au soing & à la conduite de la Philosophie: il a peu à peu cogneu d'elle, qu'il est attaché dans le corps par des liens bien dangereux, & qui le retiennent aux mouuements dont il se veut esleuer à la cognoissance des choses pures. La Philosophie le despestre & desgage de ceste contrainte par vn estude continuel, à cela il luy fit entendre que dans la familiarité qu'il a parmy le sang & la chair; il est à craindre qu'il ne luy naissent des conuoitises, qui l'aydent à se ruyner luy-mesme, & seruent au corps pour corrompre l'ame. Ceste consideration que la discipline de la philosophie luy faict venir insensiblement, l'oblige de se retenir tant qu'il peut de ceste conuersation d'estre tousiours en deffiance chez son hoste, comme auec vn estranger, & ne se com-

muniquer iamais aux sens par la recherche d'
quelque science: car il n'y a ny œil, ny oreille qui soit assez fidelle à rapporter quelqu'
object à l'entendement. Mais se retirant chez
elle, & se cultiuant toute seule, elle doit venir en fin à la cognoissance des choses qui ont
vn estre veritable, & qui sont d'elles mesmes:
comme tout au rebours elle ne doit point
croire veritable, ce qu'elle apprend ou considere par l'ayde & par la communication du
corps: car se sont choses qui ne sont point
d'elles mesmes, mais par autruy, & sensibles
& visibles, où ce que l'ame comprend de soy
est intelligible & inuisible. Vn vray Philosophe iugeant que son esprit doit obeyr à ce
dessein que la Philosophie faict en luy, & qu'il
est à propos de se fier en elle, & de la croire,
il tasche côme elle, luy ordonne de s'affranchir de toutes sortes de voluptez, conuoitises, craintes & douleurs, iugeant bien que
dans les plaisirs, dans la crainte, dans la
douleur, & la conuoitise, outre ces maux
ordinaires, comme perte d'argent, ou maladies qui leur sont attachez, il y a sans doute vn plus grand mal : c'est que dans tout
cela l'ame patit & n'y prend pas garde: car
alors que l'ame vient à se picquer de plaisir
ou de douleur, apres quelque chose, & que
elle croit ce faux object des choses visibles,

les, quelque chose de beau, manifeste, & veritable; sans doute alors elle est bien pri- & bien engagée dans le corps, pour ce que toute sorte de volupté ou de douleur st maistresse dans le corps, & se prenant à ame, elle l'assubiettit, & la plongeant dans s sentimens charnels, elle l'oblige à parti- iper à mesmes mœurs, & à mesme nouri- iture, la rend incapable de toute pureté, la faict sortir du corps toute sale de ses aches & de ses ordures; d'où elle renaist ncore, comme si on l'eust semee & entée ans quelque autre corps bien loing du ommerce de ses essences diuines, pures & niformes, & pour l'amour d'elles, & pour bon-heur de les conuerser, que les vrays mateurs de la science s'appliquent à l'estu- e de la vertu, & non point pour les consi- erations qui esmeuuent les esprits du po- ulaire à la rechercher. Le Philosophe co- noist assez qu'apres que la Philosophie l'a esia deliuré des liens du corps, & nettoyé e ses ordures, il ne luy faut plus retomber ans ce bourbier, ny se remettre au trauail vn mesme estude, comme Penelopé res sa toile. Mais pensant au repos de utes ses affections, suiuant sa raison & se nant ferme en elle s'il s'esleue en la con- mplation de ce qui est par dessus l'opi-

E

nion, & qui est infailliblement vray & di[uin], duquel ayant esté nourry, il croit qu[e] luy faut passer la vie de mesme, esperan[t] qu'au sortir d'icy, il ne faudra iamais [de] passer vers quelque chose de pareil, où [il] se verra exempt de toutes les miseres hu[maines].

Dans ceste bonne nourriture,
Quoy que menace la nature,
Le Sage deslogeant d'icy,
Ne craint point que le vent l'emporte,
Et ne meurt point dans le soucy,
Que son ame demeure morte.

Apres que Socrate eut ainsi acheué so[n] propos, toute la compagnie fut assez lon[g] temps sans parler, luy-mesme sembloit re[passer] dans l'esprit les discours qu'il veno[it] de faire. Cebes & Simias furent les pre[miers] qui rõpirent le silence, & s'estans pa[r]lez vn peu l'vn à l'autre, Socrate les rega[r]da. Et qu'est-ce qui vous semble, leur dit-[il] de ce que nous auons dit? N'auez-vou[s] point encor là dessus quelque chose à vo[us] enquerir? Car il y reste encore biẽ des do[u]tes & des obiections à qui voudroit traict[er] cela bien pleinement. Si vostre deuis est [sur] quelque chose de particulier entre vous, [ie] ne vous dis mot: mais si c'est sur quelqu[e] difficulté de nostre discours, qui vous do[nne]

ne de la peine, dites-le hardiment, & repaſ-
ſez, s'il vous plaiſt, ce traicté, ſi vous pen-
ſez voir qu'en quelque endroict on y puiſſe
dire quelque choſe de mieux: & ſi vous
croyez que ie vous puiſſe ſeruir à ceſte conference, faiſons enſemble ceſt examen.

SIMIAS.

Pour ne te point mentir, Cebes & moy,
il y a deſia lõg temps que nous nous entre-
pouſſons l'vn l'autre, pour te faire parler
encore: mais nous craignons de faire vne
inciuilité & vne imprudence en l'eſtat de la
calamité preſente, où tu es. Socrate riant
à eux, vrayement dit-il; il me ſeroit bien
mal-aiſé de faire croire à d'autres que cet
accident ne me donne point de l'affliction,
puis que vous ne m'en croyez pas vous-
meſmes; car il vous ſemble que ie dois eſtre
auiourd'huy plus faſcheux, & plus triſte
que ie n'eſtois au reſte de ma vie.

Vous ay-je bien donné des ſignes,
Que i'euſſe peur du monument?
Croyez-vous que mon ſentiment,
Vaille moins que celuy des Cignes?
Lors que la mort les vient querir,
Et qu'ils en ſont deſia la proye,
Ils ſont bien aiſes de mourir,
Et ne font que chanter de ioye.

Quelques vns difent que c'eſt de douleur
que les Cignes chantent aux approches de
la mort: mais ie ne trouue point cela probable, car il n'y a point d'oyſeau qui puiſſe
chanter en la moindre incommodité qu'il
ayt, ny les Roſſignols, ny les Arondelles
qu'on feint eſtre encore en la memoire de
leur deſeſpoir, ne chantent point qu'au
temps de leur ioye, la faim ou le froid les
rĕds muets. Ie croy pour moy que c'eſt d'ai-
ſe que les Cignes chantent, & qu'ayans
comme vne inſpiration du Dieu Apollon, à
qui ils ſont conſacrez, ils bruſlent du deſir
d'approcher de leur maiſtre, & en font des
chants de ioye.

I'ay comme eux l'eſprit prophetique,
Et penſe que le dieu des Vers,
Ne m'aura pas moins deſcouuers,
Les ſecrets de ſa prognoſtique,
Et qu'vne beſte ne peut pas,
Moins que moy craindre le treſpas.

Ne craignez donc point de m'interroger
ſur ce qu'il vous plaira, & me faire employer ce peu de tĕps que les Iuges me dónent.
Tu parle bien, luy dit Simias. Ie ne crain-
dray point maintenant à te dire, ſurquoy ie
doute, & où ie puis trouuer moins à me reſoudre en tout ce diſcours. Or ie ne penſe pas, ny poſſible toy non plus; que la verité

'en puisse bien trouuer en ceste vie.

Durant le cours mortel que Dieu donne la vie,
Il est bien mal-aisé de contenter l'enuie,
Que nos esprits ont de sçauoir,
Au moins ce peu de iours que nous auons au (monde
Employons tout nostre pouuoir,
A dissiper l'horreur de ceste nuict profonde,
Et de ce peu de clarté
Que l'estude nous apporte;
Taschons à ouurir la porte,
Qui meine à la verité.

Ce seroit donc vne lascheté, ô Socrate, de t'espargner au besoing que nous auons icy de toy. Il faut que tu espluches & examine de rechef ce traicté, deusses-tu te rendre & defaillir au trauail, afin de nous instruire en ceste matiere, & que nous puissions penetrer aussi auant que peut l'entendement de l'homme : car dans vn si profond Ocean, si nous n'y pouuons pas voir toute la facilité que nous y desirons, nous y deuons prendre pour le moins, toutes les asseurances que nous y pourrons trouuer.

On a recours à des vaisseaux,
Ne pouuant vser de carrosses,
Pour fendre les humides bosses
Qui grossissent le dos des eaux.

sseure nous donc le mieux que tu pourras, & nous instruis en toute ceste queſtion, afin que ie ne me repente point vn iour, d'auoir perdu ceſte occaſion de m'en eſclaircir auecques toy. Il eſt vray que Cebes & moy auons des difficultez. Et peut eſtre, dit Socrates auec ſubiet: commencez à me dire, en quoy vous eſtes moins ſatisfaicts. En cet endroict luy diſt Simias, où tu as parlé de l'inuiſible diuin, & tres beau, qui ſe peut, ou ſemble auſſi bien dire de la harmonie d'vn luth bien accordé & bien touché: car on dira que l'harmonie de ces accords parfaicts ſont quelque choſe de diuin, de pur, & d'immortel, & que les cordes & le bois du luth ſont choſes corporelles, compoſees, & terreſtres, & de la nature de ce qui eſt mortel, ſi biẽ qu'apres auoir rompu les cordes, & caſſé le luth, on prouuera par tes raiſons que ce qui eſt de celeſte, c'eſt à dire, ceſte harmonie demeure encore, & ne ſe diſſipe point: car il n'y a nulle imagination que le luth demeure apres les cordes rompuës, & que les cordes qui ſont de ce qui eſt mortel, demeurent auſſi: mais que la harmonie qui eſt de l'immortel & du diuin eſtoit perduë, & auoit ceſſé deſia pluſtoſt auant que le luth & les cordes; & que ce pendant l'harmonie demeuraſt quelque part, & que le bois du luth & les cordes ſe pourriſſoient pluſtoſt que ceſte harmonie peust souffrir quelque chose: Car ie pense bien, ô Socrate! que tu as prins garde que c'est nostre opinion; pour ce qui est de l'ame, qu'elle est quelque chose de tel que ceste harmonie, sentant qu'il y a dans nostre corps vne certaine disposition & cōplexion du chaud, du froid, du sec, & de l'humide, & telles autres choses? & que le temperament & consonance de ces choses là, c'est l'ame, qui agit ainsi dans le corps, & faict ses functions lors que ses temperatures vont bien. Que s'il est donc ainsi que nostre ame soit vne harmonie, toutes les fois que les maladies ou les passions viennent à rōpre l'ordre de ses teperaments, & ruiner ses organes, pour diuine qu'elle soit, il faudra qu'elle perisse, aussi biē que ces autres harmonies & consonances de luth ou de bois, & autres que peuuent faire des artisans, & que le corps & la grossiere partie de ces choses là, demeurét iusqu'à tant que le feu ou la pourriture les emporte, si bien qu'elles sōt tousiours de plus de durée que l'ame, & les plus subtiles parties. Considere donc, ie te prie, qu'est-ce qu'on respondra à qui voudra croire que l'ame est vn temperament de la composition du corps, & qu'en la mort c'est elle qui desloge la premiere, & qui perit plustost.

E iiij

La Socrate se print à rire,
Et iettant des traicts allumez,
De ses regards accoustumez,
Sur ce qu'on luy venoit de dire.
  Ces difficultez, nous dit-il,
Sont d'un raisonnement subtil,
Qu'il faudra que ie vous explique.
Pourquoy donc quand vous m'escoustiez,
Sur ces discours où vous doutiez,
Auez vous esté sans replique?
Quelqu'un plus eloquent que moy,
Deuoit renforcer mes paroles,
Et mieux faire voir comme quoy
L'on dispute dans nos escoles,
Ce discours a bien merité,
Qu'on apporte un peu de clarté,
Dans une si crasse ignorance,
Puis que vrayement son apparance,
Est proche de la verité.
  Sçachons-le, quoy qu'il nous en couste,
Mais auant que de refuter
L'erreur de la premiere doute,
Encore faut-il que i'escoute
Sur quoy Cebes veut disputer,
Afin que mieux sur chaque chose,
Partageant nostre peu de temps,
Sans permettre que ie repose,
Ie vous rende tous plus contens,
Aux matieres que ie propose.

Ainsi traictant tout posément,
Nous cognoissons bien aisement,
Si c'est l'opinion premiere,
Où la raison nous va ranger,
Et s'il est besoin de changer,
Au moins suiuons quelque lumiere,
Pour cognoistre le danger.

Puis se tournant vers Cebes, il le pressoit de luy proposer aussi ses doutes, comme Simias auoit faict, & luy dit:

A quoy crains-tu de consentir?
Qu'est-ce en fin si difficile,
A quoy ton esprit indocile,
Est resolu de repartir?

Il me semble respondit Cebes, qu'il en est de l'ame, comme de son harmonie. Or pour ce qui est de son estre, auant que de venir dans le corps, ie ne nie point qu'il ne puisse estre vray, & m'en rapporte fort à la preuue des discours que tu nous as faicts: mais qu'elle soit apres nostre mort, c'est ce que ie ne croy pas de bon cœur. Et si ie ne suis pas pourtant de l'opinion de Simias, qui ne croit pas que l'ame vaille mieux que le corps, ny qu'elle soit de plus longue durée: car moy ie pense que l'ame est plus excellente, sans comparaison, que tout cela, & partant voicy comme quoy ie voudrois exposer la raison precedente de Simias?

puis qu'apres vn homme mort, on void ce qui eſtoit de moindre en luy demeurer encore, pourquoy n'aduoüera-t'on point que ce qui eſtoit en luy de plus ferme & de plus durable, demeure auſſi bien & ſubſiſte au meſme moment que le reſte? Mais voyons de quel poids ſera la reſponſe que ie fais à cela. Il me faut pour m'expliquer vne comparaiſon auſſi bien qu'à Simias. Il me ſemble que ce diſcours eſt preſque de meſme, que ſi quelqu'vn diſoit apres la mort d'vn vieux Tiſſeran, que cet homme eſt encore, pour ce que l'habit qu'il auoit demeure encore, & pour toute preuue il diroit, que puis qu'vn homme doit durer plus qu'vn habillement de toile, il faut que cet habillement demeurant apres la mort du Tiſſeran, le Tiſſeran ſoit auſſi, puis qu'il eſt de plus de duree que ſon habillement. Pour moy, Simias, ie croy que cela eſt foible, & que peu de gens ſe voudroient payer de telles raiſons: car ce Tiſſerã qui aura vſé pluſieurs habillemens, & en aura tiſſu pluſieurs, il eſt mort apres beaucoup d'habillemens, & ſeulement pluſtoſt qu'vn, & ſi ne s'enſuit nullement pour cela, qu'vn homme ſoit quelque choſe de plus vil, & de plus debile qu'vn habillement. On peut ce me ſemble faire la meſme comparaiſon de l'aneau corps, que l'ame est veritablement de plus de duree, & le corps moins fort & moins durable: mais que chaque ame consume plusieurs corps, mesme en celles qui viuent long temps: car si le corps s'en va & deperit tous les iours, mesme durant la vie, & que l'ame repare tousiours ce qui se consume, & remet ce qui se perit; alors que l'ame perit, c'estoit son dernier habillement, deuant lequel elle meurt, ayant suruescu à plusieurs autres, & qu'apres la fin de l'ame, le corps qui n'a plus dequoy se refaire, est contraint de monstrer l'imbecillité de sa nature, & pourrit & esuanoüit bien tost. De tout ce discours on ne trouue point que l'ame demeure apres que nous ne sōmes plus: car quand bien on t'accorderoit que non seulement l'ame estoit auant le corps, qu'apres la mort de quelques vns, leurs ames reuiendroient encore dans les corps, & qu'il se trouuast des esprits qui vinssent ainsi à quitter & reprendre des corps, comme la nature de l'ame est excelente & puissante, si peut-on dire pourtant que l'ame en fin lasse de tant de generations, & d'esteindre & de rallumer tant de vies, pourroit rencontrer vne mort derniere, dont elle ne reuinst iamais. Outre qu'il n'y a personne qui se puisse apperceuoir quelle separation de l'ame auec le corps, celle où l'ame doit perir: que s'il en est ain c'est vne folie d'auoir des confiances en mort, ne pouuant faire voir que l'ame immortelle & indissoluble, & selon l'apparece, on tire de là vne necessité que chacu doit craindre pour son ame, quand elle e proche de son partement, ne sçachant si ell prend son congé pour tousiours, & si c'e là ceste separation qui la doit acheuer.

PHÆDO.

Ce fust là ce discours où nostre ame attaché
De sentimens douteux diuersement touchée,
Dans un estonnement nous laissa tous rauis,
Nous vismes des raisons par d'autres renue
sees,
Et desia bien panchans vers ce dernier aduis,
Nous ne sçauions à quoy resoudre nos pense
Socrate nous ayant persuadé si bien,
Que nul sur son discours ne doutoit plus de rien
Nos esprits balancez souffroient vne contrainte
Et de ceste dispute à demy rebutez,
Nous creusmes que la chose estoit douteuse
feinte,
Ou que nos iugemens estoient trop hebetez.

Ce n'est point sans sujet, Phædo, que vou demeurastes en ce doute, & en cet estonnement : car seulement à t'ouyr parler, m'a prins vne mesme deffiance de persu

ons de Socrate, & m'esbahy pourquoy ie
ommence à me defdire de fon opinion
eritable. C'a efté toufiours mon aduis qu'il
a vn grand rapport de l'ame à cefte har-
onie, & comme ie l'ay toufiours creu au-
arauant, ton difcours m'a remis enco-
e plus auant cefte creance, fi bien que t'ay
efoing tout à faict d'autres preuues que les
remieres, pour cognoiftre que l'ame foit
mmortelle. Partant ie te conjure de me dire
Socrate fe trouua auffi efmeu que les au-
es pour fes objections, s'il eut des raifons
our bien appuyer fa doctrine, de quelle fa-
on il fe prift à la difputer, & comme quoy
s'en acquitta.   (fa vie

Vrayement depuis le temps que ie cognois
J'admire de l'ouyr parler fi fainement:
Toutesfois la vertu de mon ame eft rauie,
Ne me faifit iamais de tant d'eftonnement.

Du trouble de fon dueil mon efprit fe rap-
            paife,
Et le reffentiment que i'ay de fon trefpas,
Ne fçauroit m'empefcher que ie ne fois bien aife,
D'auoir veu l'accident de ce mortel, repas.
Les raifons qu'il tiroit de fon efprit fertile,
Contre les mouuemens de nos efprits douteux,
Rendirent tout l'effort de l'erreur inutile,
Et nos difficultez nous rendirent honteux.

Sans qu'aucun desplaisir luy parust au visage
Il vid bien côme quoy le faux nous esmouuoi[t]
Et d'vn cas complaisant comme estoit son lan-
    gage,
Il ouyt proposer les doutes qu'on auoit.
Puis à chaque blesseure apportant vn dicta[m]-
    me,
Il donna ses raisons auecques tant de poix,
Qu'il fust assez puissant pour affranchir nost[re]
    ame,
A qui desia l'erreur auoit donné ses loix.
Comme dans vn combat des troupes estonée[s]
Quand l'ennemy vainqueur a dissipé leurs ra[ngs]
Ont besoing d'vn bon chef pour estre ramene[z]
Et refaire le gros de leurs soldats errans.
Socrate doucement auecques sa conduite,
De ses mauuais obiects rompant la trahison,
Ramena ses esprits qui s'estoient mis en fuit[e]
Et leur fit retrouuer le train de la raison.
Combien que son propos d'vn sens incom-
    parable,
Parust vne merueille au iugement de tous,
Il sembloit toutesfois encor plus admirable,
En ceste gaye humeur dont il parloit à nous.
I'estois lors d'aduenture au pied du lict fu-
    neste,
Où ses yeux attendoient le somme du trespas,
Socrate estoit assis plus haut que tout le reste,
Et moy sur ma main droicte en vn siege asse[z]

bas.
 Paſſant deſſus mes yeux ſon regard vene-
rable,
Et iouant de ſa main auecques mes cheueux,
Il ſembloit à le voir que le Ciel fauorable
En ſon affliction euſt accomply ſes vœux.
 Côme chacun de nous à l'eſcouter s'appreſte,
Encore ſur mon poil il repaſſa la main,
Et poſſible (dit-il) en me preſſant la teſte,
Phœdon ces beaux cheueux ſeront coupez de-
main,
 Ie reſpondis qu'ouy, ne ſçachant pas entẽdre
Pour quel dueil il vouloit que ie les fiſſe choir,
Ha! dit-il, cher Phœdon, ce ſeroit trop attẽdre,
Si nous auons icy plus prés le deſeſpoir.
 Tous deux ſi tu me crois tant que Phœbus de-
meure
Sur l'Orizõ dernier dont ie dois voir le cours,
Raſons-nous s'il aduient que la raiſon nous
meure,
Et monſtrons par ce dueil la mort de nos diſ-
cours.
 Comme au païs d'Argos au milieu des ba-
tailles,
Les ſoldats font ſerment d'eſtre touſiours raſés,
Iuſqu'à tant que leur glaiue ait faict les fune-
railles,
D'eux ou des combattans qui leur ſont op-
poſés.

Moy si i'estois Phædon auant que de me red[re]
Au deffy de Simie & de Cebes aussi,
Ie les mettrois au point de ne s'ozer deffend[re]
Ou mon dernier souspir s'acheueroit icy.

Ha? dis-je, mon dessein seroit bien ridicu[le]
De me prendre moy seul à ces deux forts esprit[s]
Ie serois temeraire & le puissant Hercule
D'vn si sot desespoir ne fut iamis repris.

Si tu te vois (dit-il) trop foible d'aduentu[re]
Phædon, prēds vn second, Hercule en fit aut[ant]
Demande moy secours tant que ce iour me dur[e]
Ie seray l'Iolas auec toy combattant.

Ouy, dis-je, vous Hercule & moy trop foibl[e]
encore,
Pour faire l'Iolas en ce combat icy,
Et de peur que mō bras vos coups ne deshonor[e]
Vous en prēdrez tout seul la gloire & le souc[y]

Apres ces complimens rentrans dans la ma-
tiere,
Il retrama le fil d'vn discours si fecond,
Que parmi tout le cours de la dispute entière,
Il fit voir qu'il n'auoit que faire d'vn second,

Afin que nostre esprit plus clairement regar-
de.
Dans le vray qui souuent se couure de l'erreur,
Deuant tout (nous dit-il) chers amis prene[z]
garde,
Que iamais la raison ne vous soit en horreur.
Chacun deuient subiet à ceste maladie

Lors que par la raison il s'est trouué seduit,
Et que des faux obiects dãs vne ame estourdie,
Au lieu de la lumiere ont faict venir la nuict.

La meilleure raison nous vient en deffian-
ce,
L'ame vne fois trompee à tousiours de la peur
Et n'oze apprehender l'obiect de la science,
Quant celuy qui le donne est soupçonné trom-
peur.

Ainsi dans l'amitié que nous auons vouëe
A quelqu'vn dont l'humeur se forme à nos
desirs,
Nostre ame auec la sienne estroittement nouëe,
Se laisse innocemment surprendre à ses plaisirs.

Mais l'infidelité qui demeuroit cachee,
Enfin se descouurant fasche vn hõme de bien,
Et l'ame auec effort d'vn tel ioug destachee,
Se deffie tousiours d'vn si traistre lien.

Mesme apres que plusieurs ont abusé nostre
ame,
Que nous auons glissé souuent au mesme pas,
Et que ceux dont nos cœurs estimoient plus la
flamme,
Ont eu le plus funeste & le plus feint appas.

Nostre esprit rebuté ne croit point des courages,
Capables de donner ny de garder la foy,
Les plus sacrez sermens luy laissent des ombrages,

F

Et le font incredule à tout autre qu'à soy.
C'est pourtant vn deffaut de la foiblesse hu-
maine,
Qu'vne infidelité nous doiue ainsi picquer,
Et l'homme de qui l'ame est vigoureuse & sai-
ne,
Iamais de tels rebuts ne se laisse choquer.
Il faut vn peu d'adresse à bien cueillir des ro-
ses,
Il faut bien du mystere à gouuerner les gens,
Il faut l'artifice à discerner les choses,
Que n'ont iamais cogneu tous ces esprits chan-
geans.

Or si les entendemens foibles qui se trouuent ainsi subjets à se rebuter, auoient [un]
peu de finesse à se seruir des hommes, ils co[g]-
gnoistroient la chose comme elle est, c'est [à]
dire, qu'il se trouue peu d'hommes extremement bons ou extremement mauua[is]
mais il y en a vne infinité de mediocre[s.]
Pourquoy, luy dis-je, me dites vous ce[la?]
Tout ainsi, dit-il, qu'il en arriue aux cho[ses]
petites ou grandes, vois-tu pas qu'il n'y [a]
rien de si rare que de trouuer vn homme [ou]
vn chien, ou autre chose, bien grande [ou]
bien petite?

Les objets d'estrange mesure,
Sont rares parmy les humains,
Il se trouue dans la nature,

Peu de geans & de nains.
　　Bien peu de beauté comme Helene,
Peu de freres comme Castor,
Peu d'yurongnes comme Silene,
Peu de sages comme Nestor,
　　Peu de chiens comme estoit Cerbere,
Peu de fleuues comme Acheron,
Peu de femmes comme Megere,
Peu de Nochers comme Charon.
　　Aucun teinct beau comme Iasynthe,
Rien de si clair que le Soleil,
Rien de plus amer que l'Absynthe,
Rien plus doux que le sommeil.
　　Peu de bruits comme le Tonnerre,
Peu de monts comme Pelion,
Et des animaux de la terre,
Peu sont fiers comme Lion.
　　Peu de felicitez supremes,
Peu d'incomparables malheurs,
Peu de ressentimens extremes,
De voluptez ou de douleurs.

En fin tu trouueras que les choses extremes, sont fort rares, & que les mediocres sont frequentes. Que si on venoit à proposer vn prix à la meschanceté & au crime, il s'en trouueroit peu qui vinssent à l'extremité, & qui se trouuassent entierement meschans.

　　Si le Ciel ostoit les tortures,
Dont il punit les forfaictures,

F ij

Et qu'il y proposast vn prix,
Comme à des choses legitimes,
Il se trouueroit peu d'esprits,
Qui sceussent bien faire des crimes.

Est ce pas ton aduis, ô Phædon! Ie luy respondis que ie le croyois ainsi. Tu fais bien, me dit-il, ce n'est pas pourtant tout vn des raisons & des hommes, pour ce qu'elles ne sont pas ainsi differentes & rares aux extremitez entre elles, comme nous disons des hommes extremement meschãs ou bons: mais ie me suis emporté en te suiuant iusques à ce discours: toutesfois voicy où est nostre similitude, en ce que nous auons dit au commencement, qu'il y a vn certain artifice à se seruir des hommes, & à les cognoistre de peur de s'y tromper. Tout de mesme, il y a du mystere à se bien seruir de quelques raisons & à les cognoistre. Sans doute si quelqu'vn viẽt à prẽdre vne creance, & apperceuoir vne raison sans s'y estre seruy de l'art des raisons, il est subjet à se tromper, se confondre, & se rebuter, & que apres que ceste creance se trouue fausse, & qu'il la descouure telle luy-mesme, comme il peut estre qu'elle sera fausse, & peut estre aussi qu'elle ne le sera point, & ce mescõte luy estant arriué plusieurs fois, il ne peut estre qu'il ne se rebute, & ne vienne en deffiance de toutes les raisons. Cet inconuenient est ordinaire à ceux qui aymēt à traiter des raisons contradictoires : car tu sçais qu'ils s'imaginent estre les seuls parfaitement sçauans, & que ce sont eux seulement qui ont descouuert, qu'il n'y a rien de sain ny de ferme dans les choses, ny dās les raisons, mais que tout est sans dessus dessous, pesle mesle, comme en l'Euripe, & qu'il n'y a rien où il y ait d'arrest pour vn momēt, & toute discipline de verité leur semble suspecte & dangereuse.

Comme Euripe en ses eaux mouuantes,
Qu'aucun vaisseau n'oze toucher,
Et qui donnent tant d'espouuantes,
Qu'on fremit à les approcher.

Et n'est-ce pas, ô cher Phædon, vne honteuse & miserable maladie, qui se trouuant des raisons bonnes & fermes, & bien capables d'appuyer nostre creance, vn homme vienne à s'en deffier par la deprauation, & le degoust de son esprit, que ses discours ainsi contradictoires ont empieté, & luy ont persuadé que tout est tantost vray, & tantost faux ; & qu'estant deuenu ennemy de toutes les raisons, il face comme le malade qui impute l'amertume de son goust aux viandes, & cestuy-cy sa foiblesse & son deffaut aux raisons pour les hayr apres tou-

te sa vie, & se priuer de la verité, & de la co
gnoissance des choses.

  Son sens gasté se persuade
Qu'il ne faut plus rien affermer,
Comme l'appetit d'vn malade,
Qui ne trouue rien que d'amer.

  Cher Phædon, croyons, ie te prie,
Que souuent l'ame des humains
A bien besoing d'estre guerie,
Et taschons à nous rendre sains.

  Milles choses sont veritables,
Et peuuent par le fondement
De leurs preuues indubitables,
S'appuyer dans l'entendement,

  Les deffauts sont dans nos pensees,
Il se trouue peu de mortels,
Dont les ames soient bien sensees,
Mais taschons à deuenir tels.

  Moy pour auoir cet aduantage,
De mourir sur vn vray discours,
Et vous pour en garder l'vsage,
En tout le reste de vos iours.

  Auiourd'huy que ma mort est proche,
Et que ie cours à mon repos,
Ie veux esuiter le reproche,
De disputer mal à propos.

  Que ie hay l'humeur enragee
De ces esprits contentieux,
Qui gesnent vne ame engagee

Dans les discours ambitieux,
 Toutes choses paroissent sombres,
A qui les veut ouyr parler,
Leurs subtilitez sont des ombres,
Et leurs voix du vent & de l'air.

 Tout le soucy de leur estude
N'est qu'vne sotte vanité,
De donner vne incertitude,
Sous couleur d'vne verité.

 Laissant le vray d'vne chose,
Ils n'ont que des discours menteurs,
Pour rendre ce qui se propose,
Apparent à leurs auditeurs.

 Moy d'vne humeur toute contraire,
Laissant libres vos iugemens,
Ie ne tasche qu'à satisfaire,
Par raisons à mes sentimens.

 Ennemy d'vn discours qui tente,
Et qui suborne les esprits,
C'est assez que ie me contente,
Car ie n'ay rien plus entrepris.

 Cognoissant la chose à mon aise,
Ie suis quitte de mon deuoir,
S'il aduient que mon sens vous plaise,
C'est à vous de le receuoir.

Et voicy, mon amy, le profit qui me reuient en disputant de la sorte. C'est que mon opinion & ce que i'entreprends de prouuer se trouuant veritable, il sera bon

F iiij

de s'y arrester; si ie me trompe en ma creance, & qu'il soit faux qu'apres la mort il demeure encore quelque chose de nous, à moins ce peu de temps que i'ay auant que de mourir, passera auec moins d'ennuy, pour vous, & pour moy. Et apres toute ignorance de ces choses là ne me peut pas durer beaucoup, car ie n'ay plus gueres m'en esclaircir: & voila de quel dessein i reuiens, ô Simias! & vous Cebes, tout pret à disputer: mais pour vous, si vous m croyez, ne vous en rapportez point à Socrate, mais à la verité. Quant vous iugerez que ie dis vray, accordez le; sinon, niez le, & me repliquez hardiment, & prene garde pour moy que me trompant moy mesme, ie ne vous trompe aussi, & me separe d'auec vous, comme la guespe apre vous auoir laissé mon aiguillon. Reuenon donc à vos obiections, & s'il ne m'en res souuient pas bien, aidez moy à les repeter La doute de Simias, si ie ne me trompe c'est que l'ame, quoy que plus belle, & plu diuine que le corps, ne laisse pas pourtant de perir, plustost que le rapport qu'elle auec ces harmonies, dont nous auons par lé. Cebes, ce me semble, accordoit bien qu l'ame estoit de plus de duree que le corps mais il adioustoit que personne ne peu çauoir si l'ame apres auoir consommé plusieurs corps, laissant en fin le dernier né finit aussi elle mesme, & que telle sorte de nort seulement soit la fin de l'ame : mais que le corps est subjet à se dissoudre & deperir continuellement. Simias & Cebes accorderent tous deux, que c'estoient là leurs doutes: mais dit Socrate, niez-vous ce qui a esté dit au traicté precedent, ou si vous en accordez vne partie, & en niez l'autre? Il y a(luy dirent-ils) des choses que nous trouuons bonnes, & d'autres que nous n'approuuons point. Mais, dit Socrate, touchant la reminiscence, qu'est-ce qu'il vous en semble? Croyez-vous qu'elle est?& elle est; estes vous d'accord auec moy, qu'il en faille tirer vne consequence necessaire, que l'ame a esté en quelque lieu auparauant que de venir dans le corps? Pour cela, dit Cebes, i'ay pris vn grand plaisir au discours que tu en as faict, & me tiens ferme en ceste creance: Et moy, dit Simias, i'en suis tout de mesme, & serois fort estonné s'il estoit possible qu'on me persuadast le contraire. Si es-tu pourtant obligé, hoste Thebain, à prendre vne autre opinion, si tu crois que l'harmonie soit quelque chose de composé, & que l'ame soit vne harmonie de la temperature, & de la constitution du corps: car tu ne sçaurois aduoüer que ceste consonance composee de quelque chose, ait esté plustost que la chose dont il falloit qu'elle composast. Tu ne sçaurois iamais aduoüer cela. Iamais, dit Simias. Et vois-tu pas bien cependant que tu es contraint de le confesser, quand tu dis que l'ame a esté plustost que le corps, & qu'elle est vne consonance composee du corps? ton dire reuient à cecy; qu'elle se faict des choses qui ne sont point. Encore mesme l'harmonie du luth ne peut estre de la sorte, c'est à dire, auant les choses dont elle est composee: car le bois & les cordes, & quelques sont rudes, & mal accordans precedent ceste douce & parfaite consonance, qui vient apres tout cela, & se perd plustost que le reste. Vois donc, comme quoy ce que tu dis icy, reuient fort mal à ce que disois auparauant, & que sur les propos de ces harmonies, & de ces concordances, tes discours se trouuent tres mal d'accord. Tres mal, dit Simias, si est-ce qu'en ceste matiere de consonances, il faut sur tout que les paroles soient bien concertees, & qu'elles ne discordent point en propos: le desordre au langage ne doit pas estre si remarquable.

Dans vne paſſion de douleur ou de rage,
Quand l'eſpoir d'vn Amant eſt troublé d'vn refus.
Ou qu'vn paſle Nocher gemit parmy l'orage,
L'Ame ne peut fournir que des propos confus.
N'importe qu'vn bouuier en eſcorchant la terre,
Parle auec eloquence à ſes Taureaux rebours,
Ny qu'vn braue ſoldat en parlant de la guerre,
Cherche de l'artifice à ranger ſes diſcours.
Au lieu de bon diſcours & de voix eloquātes,
On ne peut eſcouter qu'vn diſſolu caquet,
Sur le Mont Cytheron où s'en vont les Bacchantes, (quet.
Quand leur Dieu les appelle à ſon vineux ban-
Mais celuy dont l'eſprit n'eſt iamais en deſordre,
Et que les paſſions laiſſent en ſon repos,
Afin que les Cenſeurs n'ayent point dequoy le mordre,
Il doit auoir le ſoing d'accorder ſes propos.

C'eſt à dire, ô Simias! qu'vn Philoſophe doit faire en ſorte, que ſes diſcours ſe trouuent de bon accord, les tiens à preſent ſe trouuans tres-deſaccordans, il faut que de deux, tu choiſiſſe lequel tu aymes le mieux, ou receuoir la diſcipline de la reminiſcence, ou croire que l'ame eſt vne harmonie. Ie choiſis le premier, dit-il, car ie ne ſçache

point qu'on m'ait iamais prouué suffisam-
ment que l'ame soit comme vne harmonie. Ie ne l'ay iamais veu faire apparoistre
que par des choses vray-semblables, & les
opinions qui s'impriment par des apparé-
ces trompent ordinairement, & en la Geometrie, & en autres choses: mais la preuue
de la reminiscence est appuyee (ce me semble) sur des fondemens asseurez. Car nous
auons dit que l'ame deuant que d'entrer
dans le corps est autre part, en telle sorte
que son esséce a le surnom d'vn vray estre,
& pour ce point là, ie m'en trouue bien persuadé. C'est pourquoy, ie ne sçaurois croire
ny à personne, ny à moy-mesme, que l'ame
soit ceste harmonie. Quoy encore Simias,
luy dit Socrate, te semble-t'il qu'vne consonance ou autre composition de quelque
sorte qu'elle soit, puisse estre autrement, &
auoir d'autres dispositions que celles des
choses dont elle est faicte, ny patir, ny agir
que ces choses ne patissent & agissent ? Ie
croy que non, dit Simias.

SOCRATE.

L'harmonie à mon aduis sans sa matiere,
dont elle est composee, n'est rien du tout.
Tout cela n'est qu'vn peu de bois,
Qui de soy ne sçachant rien dire,

Emprunte la vie & la voix,
Et des cordes & de nos doigts,
Et de la façon de la lire.
 Mais lors que le bois est cassé,
Tous les joüeurs les plus habiles,
Rappellants le son trespassé,
 Sur vn instrument enfoncé,
Touchent des cordes inutiles.

Il n'y a donc point d'apparence, dit Socrate, que telle consonance precede, & fasse suiure les choses dont elle est composee, mais bien plustost qu'elle suit, en telle sorte qu'elle ne peut auoir, ny son, ny mouuement contraire à ses parties. Sans doute dit Simias.

SOCRATE.

Et la consonance n'est point consonance en sa nature, sinon entant qu'elle est temperee. Simias trouua cecy d'abord vn peu obscur, & luy dist, qu'il ne l'entendoit point. C'est (luy dit Socrate) que la consonance à mesure qu'elle est ou plus ou moins côtemperee, qu'elle reçoit ou plus, ou moins, elle est, ou plus, ou moins consonance: comme en vn concert, à mesure qu'il est bon ou mauuais, on dit qu'il y a, ou plus, ou moins d'harmonie, ce qui ne se peut dire de l'ame entant qu'ame, que pour le respect de quel-

que chose, ou grande ou petite, elle soit o[u]
moins, ou plus ame. Prends garde enco[re]
à cecy; disons-nous pas de l'ame, que l'v[ne]
a du sens & de la vertu & celle là nous l'a[p]
pellons bône & que l'autre a de la folie &[du]
vice, & nous l'appellons mauuaise? & celu[y]
qui croit les ames estre des harmonies, dir[a]
t'il en cet endroict, que ceste ame a de l[a]
vertu, ou que ceste autre a du vice ; ou si a[u]
lieu du vice & vertu, il dira que ceste ame[a]
de la consonáce, ou de la dissonáce, & qu[e]
la bonne est consonance, & estant vne có
sonance elle mesme, elle ait encore des con[
sonances, qu'elle possede, & que la mauuai[se]
soit dissonance elle mesme, & n'en ayt poin[t]
d'autre en soy? Ie n'ay point dequoy repar
tir là, dit Simias.

SOCRATE.

Tu vois bien que ceux qui croyent que l'a[
me soit vne harmonie, sçauent respondre
comme cela. Or nous auons desia concedé
qu'vne ame n'est ny plus, ny moins am[e]
qu'vne autre, & ceste concession signifi[e]
que l'ame n'est ny plus, ny moins, ny [
moins de degrez de consonance l'vne qu[e]
l'autre, & que l'ame qui n'est ny plus, n[y]
moins consonance, n'est ny plus, ny moin[s]
temperee l'vne que l'autre. Et ie te prie, l'a[

ne qui n'eſt ny plus, ny moins temperee, peut-elle eſtre participante de la cõſonan-ce à moins ou plus de degrez, ou pluroſt eſ-galement? Ie croy qu'elle y participe eſgale-ment, reſpons Simias.

SOCRATE.

Par conſequent l'ame, puis qu'elle n'eſt ny plus, ny moins ame l'vne que l'autre, elle n'eſt auſſi ny plus, ny moins temperee l'vne que l'autre. Eſtant donc de la ſorte, elle n'eſt pas plus participante à la conſonance qu'à la diſſonance; ſi bien, qu'eſtant telle, vne ame ne ſçauroit auoir plus de vices ny plus de vertus l'vne que l'autre, ſi le vice eſt vne diſſonance, & la vertu vne conſonance. Il me le ſemble, dit Simias: Mais bien au con-traire, dit Socrate, car la raiſon veut, que ſi l'ame eſt vne conſonance, elle ſoit inca-pable de vice, pource que la vraye conſo-nance, entant qu'elle eſt conſonance, ne participe iamais à la diſſonance, & par là on prouue qu'vne ame ſi elle eſt bien ame, n'eſt point capable d'auoir de vice, & par ces raiſons, ou trouue que les ames de tou-tes ſortes d'animaux, eſtans auſſi bien ames l'vne que l'autre ſont toutes bonnes. Cela ſemble: il t'a bien dit, & s'enſuiuroit ſi ceſte propoſition eſtoit vraye, que l'ame ſoit vne consonance. Encore plus Simias, de toutes les choses qui sont en l'homme, ne penses tu point que celle qui tiét l'empire c'est l'ame? mesme alors qu'elle est prudente, & pour obtenir ceste maistrise, faut-il qu'elle obeysse au corps, ou qu'elle luy resiste cóme en vne extreme soif ou faim, où l'appetit du corps est pressé de boire, ou de manger souuent, l'ame le retient & l'empesche d'obeyr à son desir? Il est vray dit Simias.

Souuent que le corps aueuglé
De son appetit desreiglé,
Cherche de contenter sa rage,
L'esprit resiste à ses desirs,
Et pour esuiter son dommage,
Le destourne de ses plaisirs.

Aupres d'vne eau claire & coulante,
Alors qu'vne soif violente,
Nous a mis les poulmons en feu,
La crainte d'vne maladie,
Nous faict bien arrester vn peu,
Quoy que nostre appetit nous die.

En chaque passion extresme,
L'ame se combat elle mesme,
Et quelque forte liaison
Que nostre corps ait auec elle,
Nos sentiments & la raison
Se font guerre perpetuelle.

DE L'AME. 97

et ce combat ne seroit point, si l'ame estoit
une harmonie composee des teperatures
du corps: car en ce cas elle seroit obligee de
suiure ce temperament, comme nous auós
dit, & n'agir, ny ne patir qu'auec les choses
dont elle seroit composee, sans iamais n'en
produire qui leur fust cõtraire: où tout au
rebours, nous voyons que l'ame ordinairement contrarie au corps, tantost le pressant
des exercices qui luy donnẽt de la peine
contre son gré: tantost en le forçãt par des
medecines, tantost par des censures contre
les vices, & des admonitions cõtre les douleurs, craintes & autres passions.

 Lors que la crainte du danger
Nous a faict pastir le visage,
L'ame afin de nous soulager,
Raisonne auecques le courage,
Et semble adresser vn langage,
A quelque chose d'estranger.

Voicy vn endroict d'Homere, où Vlysse
touché de quelque desplaisir, exhorte son
courage par sa raison, & semble faire parler
une partie de son ame auec l'autre, lors que
battant la poitrine, il se prend à dire,

 Quoy? ma constance est-elle morte?
Où dort auiourd'huy ma valeur?
Arme toy mon courage & porte
Le faix de ce nouueau malheur,

G

*Ie t'ay veu vaincre la douleur
D'vne calamité plus forte.*

Penses-tu Simias, qu'Homere ait ainsi parlé, croyant que l'ame fust vne harmonie, & quelque chose de subiect aux passions du corps; ou s'il a creu qu'elle fust quelque chose de plus diuin, & plus excellent? Il entendoit sans doute dit Simias, que l'ame estoit quelque chose de plus diuin que l'harmonie. Il n'est point donc raisonnabl que nous teniós l'ame pour vne harmonie car nous serions de contraire opinion à ce Poëte diuin Homere, & à nous mesmes. I est vray dit Simias; me voila content.

*En fin auec assez de peine,
La nuict faict place à la clarté,
Et la consonance Thebaine,
Nous laisse sans difficulté,*

Te voila donc appaisé, hoste Thebain, mais comme quoy appaiserons-nous Cebes?

*De quels si rares sentimens
Faut-il auoir l'ame animee,
Pour refuter les arguments,
De la subtilité Cadmee?*

A t'ouyr respondre aux obiections de Simias, i'ay bien cognu que tu trouueras l chemin de me contenter: car ie ne penso pas qu'il fust possible de tenir contre se obiections, & me suis tout esbahy de la rai son que tu as imaginee contre l'harmonie dont il n'a peu souſtenir le preſent aſſault, ſi bien que ie m'attends fort à voir le diſcours Cadméen renuerſé auſſi bien que l'autre. Eſpargnez-moy dit Socrate, ne me loüez pas ſi toſt, peut eſtre qu'on nous enuiera l'explication du reſte, & que ie m'acquiteray pas ſi bien du diſcours ſuiuant, Dieu y pourueoira, mais nous qui, comme dit Homere, ſommes aux priſes, voyons ſi ce que tu as dit eſt quelque choſe. La ſomme de ce que tu propoſe eſt qu'on te faſſe voir, comme quoy l'ame eſt indiſſoluble & immortelle.

Afin que paſſant chez les morts,
Et quittant la priſon du corps,
Où ſon ame eſtoit aſſeruie,
Le Sage ne ſe trompe pas,
En eſperant qu'vne autre vie,
Luy doit naiſtre d'autre treſpas.

Tant de voluptez meſpriſees,
Tant de nuicts ſagement vſees,
L'Enfer ſi long temps combatu,
Et tant des ſainctes reſueries,
Pour l'eſtude de la vertu,
Ne ſeroient que des moqueries.

Ces ſupremes felicitez,
Qui ſuiuent les aduerſitez,
Dont la vie terreſtre abonde,

Seroient un espoir deceuant,
Et les plaisirs de l'autre monde,
Ne se trouueroient que du vent.

De sorte que le Philosophe qui auroit si bien estudié à la sagesse toute sa vie, se trouueroit à sa mort vn vray fol de s'estre attendu à des choses vaines & fausses. C'est le danger, Cebes, auquel tu crois qu'il est subiect, ne cognoissant pas encore comme quoy personne ne se peut asseurer de l'immortalité de l'ame: car pour estre de plus longue duree, & plus excellēte que le corps, & semblable à quelque chose de diuin, comme aussi pour auoir esté auant le corps, & auoir cogneu & faict toute seule plusieurs choses, tu dis qu'il ne s'ensuit pas pour cela qu'elle soit immortelle, & que mesme ceste entree qu'elle faict dans ce corps humain, luy est comme vne maladie, par où elle commēce à se ruyner, si bien que dans la vie du corps, elle n'y trouue que des miseres pour elle, & en la mort elle y trouue aussi sa ruïne; & quoy qu'elle ne se loge qu'ē vn corps, ou qu'elle reuiue dans vn ou plusieurs, cela ne sçauroit asseurer personne en sa mort, car il faut estre fol pour n'auoir point de peur en ce moment, si on ne sçait point parfaictement des raisons qui prouuent l'immortalité. Voila ce que tu dis Cebes. Ie l'ay tout repeté, afin que tu y adiouſte, ou ~~que tu~~ en oſte encore ſi bon te ſēble. Il n'y a rien, dit Cebes, pour le preſent que i'y vueille adiouſter ny diminuer. Lors Socrate s'arreſtant vn peu, & comme appellāt ſes eſprits; ce que tu demande, dit-il, ô Cebes! n'eſt pas peu de choſe. Il nous faudra traitter à ce ſubiet la cauſe de la generatiō, & de la corruption. A ce propos, ie te racōteray ce qui m'eſt arriué, & ſi tu iuge que de ce que ie diray il y ait quelque choſe qui faſſe pour deſcouurir la verité de la queſtion que tu propoſes, tu t'en ſeruiras. Eſcoutes moy.   (deſir,

J'aubis en mon ieune aage vn merueilleux
De voir de l'Vniuers l'admirable ſtructure:
Et mon eſprit touché d'vn iuſte deſplaiſir,
D'ignorer les ſecrets qui ſont dans la nature,
Creut que c'eſtoit l'obiet qu'il me falloit choiſir.
  Mon ame auec effort combatoit l'ignorāce,
Ie bruſlois d'vne ardeur de deuenir ſçauant,
Et de peu de profit paiſſant mon eſperance,
Mes curioſitez alloient touſiours auant,
Pour voir ſi mon eſtude auoit quelque aſſeurance.
  Ie croyois que c'eſtoit vn deſſein glorieux,
De ſçauoir comme quoy toutes choſes arriuent,
D'entendre quelle force ont les flambeaux des
  Cieux,

G iiij

Pourquoy les animaux çà bas meurēt & viuēt,
Et ce soing me rendoit tousiours plus curieux.
Tournant de toutes parts mon ame vaga-
bonde,
Selon le sens d'aucuns ie voulois discourir,
Si ce n'est point le feu, la terre, l'air, & l'onde,
Quand le froid & le chaud viēnent à se pourrir,
Qui donnent la vigueur aux animaux du mõde.

Apres cela i'allois imaginer si du feu, de l'air, ou du sang, nous venoit le sçauoir, ou si c'estoit le cerueau qui nous fournissoit les facultez de l'ouye, de la veuë, & de l'odorat, & que de tels sens se faisoit la memoire & l'opinion; & que de la memoire & de l'opinion mise à repos, se faisoit la science. Ainsi considerant & les corruptions de ces choses là, & les passions qui arriuent autour du Ciel & de la terre, i'ay trouué à tout cela mon entendement fort defectueux, & me vis à considerer ces choses-là, si stupide que rien plus. Ie m'en vay vous en apporter vne cōiecture suffisante? c'est que ceste cōsideration & ceste resuerie m'offusqua tellement, qu'elle ne m'empeschoit pas seulement d'apprendre quelque chose de nouueau: mais encore me faisoit-elle oublier ce que i'auois appris, & ce que ie croyois auec d'autres, auoir tres-bien sceu aupara-

[t]ant comme cecy, de sçauoir de quelle [s]orte croist vn homme: car ie pensois qu'il [e]stoit clair à vn chacun, que le boire & le [m]anger font croistre l'homme, & qu'ad-ioustant chair sur chair, & os sur os, de mesme qu'en toutes autres choses y mettant ce qu'il leur faut, & les traittant selon que leur nature le requiert, premierement d'vne petite masse s'en faict vne grande, & qu'ainsi d'vn petit homme, s'en faict vn grand homme. C'estoit alors mon opinion, te semble-t'il pas qu'elle estoit bonne? Pour moy ie la trouue bonne, dit Cebes. Prends garde encore à cecy, ie croyois que c'estoit assez bien pensé à moy, lors que voyant vn homme ou vn cheual grand aupres d'vn petit, ie iugeois qu'il estoit plus grand de toute la teste, & ie cognoissois fort clairement que dix estoient plus que huict, pour ce qu'il y en auoit deux d'auantage, & qu'vne mesure de deux coudees estoit la moitié plus grande que celle d'vne coudee. Et maintenant, luy dit Cebes, qu'est-ce que tu en iuges? Ie suis veritablement, luy respondit Socrate, bien loing de croire que i'entende aucune cause de toutes ces choses-là, qui ne me peux pas bien persuader, encore que lors que quelqu'vn adiouste vn à vn, si c'est vn à qui on a

adiousté, ou cest autre vn à qui on adiouste à cause de la cöionction de l'vn à l'autre deuient deux: car i'admire comment puisque estás separez, l'vn & l'autre n'estoiët qu'vn & n'estans point alors deux, pourquoy s'estans ioints, ceste congression, qui les faict mettre l'vn pres l'autre, soit la cause que ils soient deux: & ne puis me persuader non plus, pourquoy si quelqu'vn viët à diuiser vn, ceste diuision soit cause qu'il en soit deux: car il se trouueroit là vne cause pour laquelle ce deux se fait, toute contraire à celle d'auparauant. La premiere cause estoit, pour ce que l'vn approchoit de l'autre, & celle-cy pour ce que l'vn s'esloigne de l'autre, & ne pense point sçauoir encore pourquoy vn se fait; ny pour dire en somme pourquoy quelque chose se faict, ou perit, ou est. Ie ne le pense iamais entendre par ceste voye: mais i'y mesle en vain quelque autre moyen, & ne reçois nullement celuy-là. Mais ayant ouy lire vne fois d'vn liure à Anaxagoras, vne opinion qu'il auoit que l'entendement estoit la cause de toutes choses & disposoit de tout:

Que nostre entendement disposoit toutes choses,
Qu'il en estoit la cause, & qu'il auoit ouuert
Les abysmes plus creux où demeuroient en-

closes
Toutes les raretez qui sont dans l'Vniuers.
　Aussi tost son aduis arresta ma creance,
Car c'estoit le meilleur que i'eusse encore veu,
Ie croyois que l'esprit ayant ceste puissance,
Auroit tout disposé le mieux qu'il auoit peu.
　Et que pour voir la cause & la raison plus
　　seure,
Pourquoy dedans le monde vne chose perit,
Pourquoy l'autre n'est plus, & celle cy demeure,
Puis que le bien estoit le but de nostre esprit.
　Il falut s'enquerir comment tout deuoit estre,
Comme il estoit meilleur que cecy ne fust point,
Que ceste chose fust, que l'autre vint à naistre.
Et nous eussions cognu les causes de tout point.

Car si l'entendement ne dispose iamais, de la chose que bien en cognoissant comme quoy vne chose seroit bien disposee, on cognoist comme quoy elle est disposee, & que ainsi vn homme ne deuoit rien considerer ny de soy, ny des autres que ce qui est de plus à propos & de meilleur. Or il est necessaire que celuy qui sçait ce qui est bon, sçait aussi ce qui est mauuais, pour ce que c'est vne mesme science. Dãs ceste pensee, ie me resiouïssois d'auoir trouué vn Anaxagoras, vn Maistre qui m'apprist, ce que i'auois tant desiré de sçauoir, c'est à dire, les causes des

choses. Et que premierement, il me dist si [la]
terre estoit ou planiere ou ronde, & qu'a[pres]
pres il m'en eust apporté la cause & la ne[ces]
cessité, c'est à dire, qu'il m'eust monst[ré]
comme quoy il estoit mieux qu'elle fust, [&]
pourquoy elle estoit telle, si bien que, s[i]
me disoit que la terre estoit au milieu d[u]
monde, ie m'attēdois qu'il me fist entend[re]
qu'il estoit meilleur qu'elle fust ainsi, & q[ue]
m'ayant monstré cela, ie ne serois plus e[n]
peine de chercher vne autre espece de cau[-]
ses.

   Qu'il apprendroit à mon sens curieux,
Pour quel subiet la terre est toute ronde,
Et s'il falloit afin qu'elle fust mieux,
   Qu'elle se tint au beau milieu du monde.

   Ie m'attendois qu'il me diroit aussi,
Pourquoy se monstre & se cache la Lune,
Pourquoy le iour penetre iusqu'icy,
   Et ce que peut le Ciel sur la fortune.

   Qu'il me monstrast pourquoy tant de flam-
     beaux,
Qui dans le Ciel font leurs courses legeres,
   Deuoient paroistre, & si grands & si beaux,
   Et nous monstrer leurs clartez passageres.

Ie m'imaginois qu'il me feroit voir tout ce[la]
la, & qu'il m'instruiroit clairement de quel[-]
le sorte, & pour quelle raison il estoit mei[l]
leur que ceste chose, ou ceste autre patist o[u]

DE L'AME. 107

[i]st en cecy, ou en cela. Car ie ne pensois
[pa]s, qu'apres m'auoir dit au commence-
[m]ent que nostre esprit disposoit toutes
[ch]oses : il n'alloit apres assigner autre cause
[de]s choses : sinon la cause d'estre bien; c'est
[à] dire, que chaque chose est ainsi, pource
[q]ue pour estre bien, il faut qu'elle soit ainsi.
[I]'estois donc persuadé que nommāt par-
[ti]culieremēt les causes, ils assigneroit à cha-
[q]ue chose pour sa cause, ce qui estoit meil-
[le]ur pour elle, & generalement pour la cau-
[se] de toutes choses, ie croyois qu'il allegue-
[r]oit le bien commun.

   Animé de ceste esperance,
Iurant desia sur mon autheur,
Ie trouuay que cest imposteur,
Auoit pis que mon ignorance.

   D'vn aueuglement qui tenoit
Ses fantaisies esgarees,
Quelques natures ætherees,
Sont les causes qu'il amenoit.

   Des essences imaginaires,
L'vne d'air & l'autre de feu,
Bref ie fus honteux d'auoir leu,
Des discours si peu necessaires.

Apres auoir leu tout son liure que i'ache-
[t]ay auec vne grande impatience, ie me
[re]pentis d'en auoir pris la peine, car il n'al-
[l]eguoit pour les causes des choses que des

fantaisies, & des choses incroyables, & e[n]
seignoit vne cause aussi hors de propos, q[ui]
qui diroit tout ce que Socrate faict, il le fai[ct]
par son entendement, & que voulant apr[es]
alleguer la cause particuliere de chaq[ue]
chose que ie fais, il diroit premieremen[t]
que ie suis maintenant assis icy, pour c[e]
que mon corps est composé d'os & de nerf[s]
& que les os sont solides, & qu'ils ont v[n]
espace de l'vn à l'autre entre les ioinctures
& que les nerfs sont dans nostre corps, e[n]
telle sorte qu'ils s'y peuuent estendre & re[-]
tirer, & qu'ils lient les os auec la peau & [la]
chair où ils sont, si bien que montant les o[s]
en leurs conionctions, les nerfs qui tiren[t]
& laschent communément, font que i'ay l[a]
faculté de plier chacun de mes membres, &
que pour cela, ie suis ainsi abbaissé dans c[e]
siege : ou si voulant alleguer la cause de la
conferéce que ie fais icy auec vous, il diroi[t]
que c'estoit la voix, l'air, ou l'ouye, & de[s]
mauuaises raisons cóme cela, sans touche[r]
à la cause veritable, qui est la volonté de[s]
Atheniens, qui ont trouué bon de me có[n]damner, & moy de subir la peine qu'il[s]
m'ont ordonnee.

Et vrayement ces nerfs & ces os,
Dont auiourd'huy la mort s'empare,
S'il se fust peu bien à propos,

Tiendroient Cam, Beote, ou Megare,
   Mais puis qu'il plaist à la Cité,
De me commander que ie meure,
Ie crois que la necessité
Veut borner icy ma demeure,
Et i'endure plus doucement,
Vn trespas qu'vn bannissement.

Il n'y a donc nulle sorte d'apparence qu'il faille tenir toutes ces choses-là pour des causes : mais sans doute si quelqu'vn dit que dans les nerfs & les os, ie ne sçaurois executer ce que i'aurois dessein de faire, il diroit vray : ce seroit pourtant vne extreme nonchalance de discours, d'asseurer que ie fais tout à cause de ses choses là, tant que ie le say par mon entendement, sans amener la cause d'estre bien, & sans dire que ie le fay auec ces choses, & par l'entendement à dessein de faire, comme quoy il faut que cela soit pour estre bien : & ceux qui ne s'expliquent pas comme cela, ne sçauent pas discerner la vraye cause d'vne chose d'auec ce, sans quoy la cause ne peut point estre cause, & que les ignorans appellent fausse cause, en prenant l'vn pour l'autre.

  Comme dans vne nuict obscure,
Où nostre veuë est en deffaut,
Et chaque chose est sans figure,
On ne prend iamais ce qu'il faut.

C'est pourquoy quelques vns qui veul[ent]
que la terre tourne touſiours en rōd, diſ[ent]
qu'elle ne bouge iamais de deſſous le C[iel]
Les autres qui la font comme vne gran[de]
Maiſt de Patiſſier, tienne qu'elle eſt ſouſt[e]
nuë de l'air, comme d'vn fondement.

Ceux-cy croyent la terre vne peſante bou[le]
Qui ſans aucun repos autour de ſoy ſe roule,
Mais que touſiours ſon ſiege eſt ferme ſoubſ[les]
Cieux.

Les autres qui la font comme vne grande b[uy]
Souſtiennent d'vn diſcours qui ne vaut gu[eres]
mieux,

Que la vague de l'air eſt le fonds qui l'appuy[e]
Et ne s'enquierent ny les vns ny les autre[s]
de la puiſſance, par laquelle elle a eſté diſp[o]
ſee au mieux qu'elle le pouuoit eſtre, & n[e]
penſent qu'elle ait vne vertu & force de[s]
monique,

Et ceux-cy pour porter ceſte peſante charg[e]
Penſoient auoir trouué quelque puiſſant At[
las,

De qui l'eſpaule eſtoit plus vigoureuſe & lar[
ge.

Et que ce grand fardeau ne rendoit pas ſi las.
Mais ils s'imaginent auoir rencontré quel[
que plus robuſte & plus immortel Atlas,
de plus larges eſpaules qui puiſſent mieu[x]
porter tout que l'autre : & ne croyen[t]

point que la bien-seance & le bon conioi-
nent ny contiennēt aucune chose du mō-
e. Parmy tant d'incertitudes, ie me rēdois
olōtiers disciple de qui que ce fust, qui me
oulut enseigner la vraye cause des choses.
Mais puisque ie ne la cognois point, & qu'il
'est impossible de la trouuer, ny de moy-
nesme, ny par autruy, i'ay entrepris vne se-
ōde nauigation pour l'aller querir, & ten-
er vne autre voye pour paruenir à la conoissance de la cause. Et veux-tu, ô Cebes! que ie te communique l'inuention dōt
e me suis aydé? De bon cœur, respondit
Cebes.

SOCRATE.

Comme ie fus lassé de considerer les cho-
ses sans rien aduancer,
 Mon esprit rebuté de ce trauail penible,
Poursuiuant vn dessein qui n'estoit pas possi-
 ble,
Craignit de s'aueugler par vn obiect si beau,
Comme quand le Soleil dans l'Ocean arriue,
 Nos regards qui tout droit contemplent son
 flambeau,
Se sentent esblouyr d'vne clairté trop visue
Et l'vnique moyen de le toucher des yeux,
 C'est de le voir dans l'eau qui le nous monstre
 mieux,

Ainsi pour sauuer mon esprit d'vn tel esblouïssement, ie creus qu'au lieu de porter mes sens tout droict, & immediatement à mon subiect, ie ferois mieux de le contempler comme en vn miroir, & m'imaginay qu'il falloit recourir aux raisons, pour considerer la verité par elles. Mais peut estre que nostre comparaison ne respõd point à toutes ses parties: car ie n'accorde pas entierement que celuy qui cõtemple les choses dans les raisons, les regarde plustost dãs des images, que celuy qui les void dans les œuures: car ie crois que cestui-cy les regarde aussi bien dans des images que l'autre qui les void dans les raisons: si est-ce toutesfois que i'ay prins ceste adresse, & choisi mon chemin par là. Voicy comme quoy ie fay supposant vne raison que ie trouue la plus valable. Ie tiens pour veritable, ce qui se rapporte le mieux à elle, i'obserue cela, & touchant les causes des choses, & touchant autre chose. Et comme i'approuue ce qui est selon la raison que i'ay posee, aussi ie desapprouue & tiens pour faux tout ce que i'en trouue esloigné. Ie te veux mieux expliquer ce que ie te dis, car ie ne pense pas que tu l'entende bien encore. Non pas beaucoup, dit Cebes. Ie n'ameine icy rien de nouueau, dit Socrate, mais seulement

...ment ce que i'ay repeté souuent en la dispute precedente. Ie m'en vay donc continuer
te faire voir ceste espece de cause que i'ay
tant traictee, & reuiens à ce que i'ay si souuent presché. Ie suppose donc qu'il y a quelque chose qui de soy est, beau, bon, & grand,
& telles autres choses. Que si tu m'accor-
des cela, i'espere de te faire voir ce qui est
proprement cause, & de trouuer l'immortalité de l'ame.

CEBES.

Conclus quand il té plaira. Ie te l'accorde.

SOCRATE.

Mais consideres en ce qui s'ensuit, si tu veux
y cósentir aussi: car ie pense que s'il y a quelque chose de beau outre le beau mesme,
que ceste chose belle, quellequ'elle soit n'est
belle, que d'autant qu'elle participe au beau;
& c'est ainsi que i'en dis du reste. Ne crois-tu
point que c'est pour ceste cause?

CEBES.

Ie le crois.

SOCRATE.

Pour moy ie ne vay point plus auant, & ne
suis point capable de comprendre toutes

ces autres causes excellentes. Si quelqu'vn me demande, pourquoy cecy ou cela est beau, ie luy diray que c'est à cause qu'il a ou la couleur esclatante, ou la figure belle, ou quelque autre chose comme cela : ie ne sçaurois luy respondre autre chose, & si ie cherche des causes plus auant ie me trouble. Cecy crois-ie bien absolument & sans doute, combien que peut-estre sans raison, que rien ne faict vne chose belle que la presence ou la cōmunion du beau ou de quelque façon, & pour quelle raison qu'il arriue, & cela n'onzé-ie pas bien asseurer encore, mais que tout ce qui est beau est beau, à cause du beau. C'est ce qu'ō peut respōdre plus asseurément, & appuyé sur ce fondement, ie ne pense pas tomber, & ie puis dire asseurément que toute chose belle est faicte belle par le beau mesme. Ne le crois-tu point comme cela ? Si fay, dit Cebes. Par mesme raison, ce qui est grand est grand par la grandeur, & ce qui est de plus grand est de mesme raison plus grand ; & ce qui est plus petit, est ainsi plus petit par la petitesse. C'est comme cela, dit Cebes. Ainsi, dit Socrate, tu n'approuueras point celuy qui diroit que cet homme icy est plus grand qu l'autre de toute la teste, & que cest autre est plus petit que luy de toute la teste : comme leur grandeur & leur petitesse se deuoit cognoistre & discerner par la teste. Mais tu diras que tout ce qui est plus grand n'est plus grand d'autre chose que de la grandeur, & plus grand à cause de la grandeur aussi: & ce qui est plus petit n'est aussi plus petit que de la petitesse, & à cause de la petitesse. Tu raisonneras sans doute ainsi, de peur que si tu viens à dire que quelqu'vn est plus grand ou plus petit de la teste, on ne t'obiecte que premierement par ceste raison vne mesme chose faict le plus grand plus grand, & le plus petit plus petit, apres que de la teste, dont cecy sera moindre, cela aussi qui est plus grand en est plus grand: & que c'est vne chose monstrueuse que ce qui est grand, soit grand à cause de ce qui est petit. Ne craindrois-tu pas aussi de dire que dix sont plus que huict, à cause des deux, plustost qu'à cause de la multitude, ou numeralité? & semblablement qu'vne mesure de deux coudees est plus grande que celle d'vn coude, à cause de ce-te moitié, plustost qu'à cause de la grandeur? c'est ce que tu deuois craindre de dire. Et ne craindrois-tu point de dire aussi que si vn est adiousté à vn, que cest adioustement est la cause qu'il s'en faict deux, & vn se diuise, ceste diuisió est la cause qu'ils

H ij

font deux ? Mais tu dois crier tout haut, & asseurer que tu ne sçais côme quoy autrement, ou cecy, ou cela se fait, que par la participation de l'essence qui luy est propre, à laquelle il participe; & que tu ne sçais point autre cause pourquoy il faut que ces vns qui doiuent estre deux soient participans, & comme aussi tout ce qui doit estre mis à vn, doit estre participant à l'vnité, & laisseras ces adionctions & diuisions & toutes ces subtilitez à des plus sçauans que toy, pour faire des respóces pareilles à leur fantaisie. Mets-toy tousiours en deffiance, & craignant, comme on dit, ton ombre mesme, tu te tiendras tousiours ferme en la raison que tu auras posee, & feras tes respóces de la sorte. Que si quelqu'vn se tenant à la mesme raison que tu aurois posee, venoit à te presser, tu le laisseras là sans luy respondre qu'apres auoir côsideré, si ce qui suit de ceste raison, s'accorde auec elle ou non. Que si tu estois obligé à rendre raison de la raison mesme que tu aurois posee, il te faudroit recourir à d'autres positions, & choisir celle qui te sembleroit la meilleure de toutes les precedentes, & ne côfondrois iamais comme font les contentieux, & les principes, & ce qui deriue des principes, si pour le moins tu voulois trouuer quelque chose de vray:

car pour ces contentieux, ils n'ont ny foing, ny difcours qui tende à cela, & fi ne laiffent point à faute de fapience de plaire & trouuer leur conte dans ceft embroüillement, dont ils confondent tout. Mais toy, ô Cebes ! fi tu es du nombre des Philofophes, tu feras ie penfe ce que ie dis.

PHÆDO.

Cebes & Simias, approuuerent là tout ce que Socrate difoit,

ECHECRATES.

Ils auoient fans douté raifon d'y confentir: car ie ne penfe pas que ce difcours ne foit maintenant affez clair aux plus hebetez.

PHÆDO.

Auffi n'y eut-il perfonne en la compagnie qui ne le trouuaft fort aifé.

ECHECRATES.

Ce n'eft pas merueille, puis que moy qui n'y eftois point, le comprens fort bien, & le trouue facile feulement à te l'ouyr dire. Mais apres cela, comme quoy eft ce qu'il pourfuiuit?

PHÆDO.

Apres que Socrate les eut rangez à fon opinion, & qu'ils luy eurent accordé que chacune des efpeces eft quelque chofe, & que ce qui leur participe prend d'elles sa deno[mi]mination, il se mit encore à les interoger d[e] ceste sorte.

SOCRATE.

S'il en est ainsi que nous auons monstré[,] aduoueras-tu point alors que tu dis qu[e] Simias est plus grand que Socrate, & plu[s] petit que Phædon, que ces deux choses-l[à] sont en Simias, c'est à dire, la grandeur & la petitesse?

CEBES.

Asseurement.

SOCRATE.

Et tu confesses toutesfois que Simias su[r]passe Socrate, non pas en la sorte que le[s] paroles le disent, car tu ne crois pas qu'[il] ait esté ainsi ordonné par la nature, que Si[-]mias entant que Simias surpasse Socrat[e,] mais à cause de la grandeur de stature qu'i[l] a, ny que Socrate aussi soit moins que S[i]mias entant qu'il est Socrate, mais à raiso[n] de sa taille qui est petite, au respect de cell[e] de Simias.

CEBES.

Ie le crois comme cela.

SOCRATE.

Et semblablemét Phædon ne surpasse poi[nt]

Simias, entant que Phædon : mais entant qu'il est de grande stature au pris de Simias, qui se trouue de petite taille, au respect de Phædon.

CEBES.

Il est ainsi.

SOCRATE.

Si bien que Simias aura la denomination de petit & de grand : car il est entre les deux, surpassant par sa grandeur la petitesse de l'vn, & cedant par sa petitesse à la grandeur de l'autre

PHÆDON.

Alors il nous dit en sousriant : il semble que ie vous ay descrit cecy auec trop d'affection, si est-il pourtant de mesme que i'en ay parlé.

CEBES.

Il appert.

SOCRATE.

Ie le dis à dessein de vous faire croire ce que ie crois aussi. Mon opinion est que la grandeur ne veut iamais non seulement estre ensēble, & grāde & petite, mais aussi que ceste grādeur qui est en nous, ne reçoit iamais

H iiij

petitesse & ne veut point estre surmontée mais que de deux choses il en arriue l'vne ou qu'elle fuit & se retire quand la petitesse son côtraire approche ou biē qu'elle meurt & finit aussi tost que la petitesse est arriuee, car elle ne peut attendre, ny se rendre en receuant la petitesse, autre chose que ce qu'elle estoit, comme moy par exemple, qui ay la petitesse, tādis que ie suis ce que ie suis, sans doute ie ne puis estre que petit. Tout de mesme vne chose grande, ne peut estre petite, & ce qui est de petit en nous, ne peut ny deuenir, ny estre grand, ny aucune sorte de contraires: car vn contraire tant qu'il demeure tel qu'il estoit, ne peut iamais deuenir son contraire, mais il faut qu'il fuye ou perisse aussi tost que son contraire arriue.

CEBES.

C'est iustement mon opinion.
PHÆDON.

Alors quelqu'vn de la compagnie, (ie ne sçaurois dire maintenant, qui ce fut) comme tous esbahy, se print à dire; bons Dieux, ne nous a t'on point accordé dans les discours precedens tout le contraire de ce qu'on nous vient de dire icy? car on nous a monstré que du moindre se faisoit le plus

…rand, & du plus grand le moindre, & que sans doute il y auoit vne generation des contraires les vns des autres, & maintenant, il semble que vous disiez que cela ne se peut. Socrate aduançant vn peu la teste escouta cela, & tout à l'instant; tu as (dit-il) bonne memoire d'auoir retenu cela, mais tu n'entends pas pour tant la difference qu'il y a de ce que nous disons à ceste heure, à ce que nous auons dit auparauant: car alors nous disions que d'vne chose contraire se faisoit vne chose contraire; & icy nous disons qu'vn contraire ne peut iamais deuenir son contraire, ny touchant ce qui est en nous de contraire, ou en la nature. Nous parlions des choses qui ont des contraires, & les appellions du nom de contraires? & maintenant nous parlons des contraires qui sont en elles, desquels elles prennent la denomination, & disons que les contraires ne s'engendrent iamais l'vn l'autre. Lors tournant les yeux vers Cebes, & toy, dit Socrate, ne te trouues-tu point troublé pour ceste obiection?

CEBES.

Nullement.

SOCRATE.

Nous auôns donc simplemēt aduoüé qu'
contraire ne se faict iamais de son co
traire.

CEBES.

Il est vray.

SOCRATE.

Prends garde si tu n'es point aussi d'acco
auec moy en cecy : Appelles-tu cela quel
que chose, la chaleur & le froid?

CEBES.

Sans doute.

SOCRATE.

Mais appelle-tu simplement le chaud & l
froid, neige & feu?

CEBES.

Non vrayement.

SOCRATE.

Tu dis donc que la chaleur est quelque au
tre chose que le feu, & le froid quelque au
tre chose que la neige.

CEBES.

Ie le pense.

SOCRATE.

Mais tu crois bien aussi que la neige tan
qu'elle est neige, ne peut point receuoir d
chaleur comme nous disions ; & qu'ell

ne peut estre ensemble, & neige & chaude, mais que la chaleur venant, il faut qu'elle fuye, ou qu'elle cesse d'estre, & que le feu tout de mesme, le froid venant, se desrobe ou s'esteigne, & qu'il ne sçauroit estre ensemble & feu & froid.

CEBES.

Tu dis vray.

SOCRATE.

Remarque donc qu'il y a certaines choses, qui non seulement honorent tousiours l'espece de leur nom, mais encore quelque autre chose, qui n'est pas à la verité ce qui est de premier : mais qui en a la forme tandis qu'il est, & voicy en quoy tu trouueras peut-estre plus clair, ce que ie te dis ; non pair garde tousiours ce nom de non pair : mais n'en a-t'il point aussi d'autre? car c'est ce que ie cherche, sçauoir s'il n'y a point quelque autre chose, qui n'est pas à la verité proprement, ce qu'est non pair, mais qui cependant auec vn autre nom qu'il a, est obligé aussi de porter tousiours ce nombre non pair, pour ce qu'il est ainsi ordonné par la nature, qu'il ne peut iamais estre abãdonné du non pair, cõme le nombre de trois, que appellons le ternaire, ne te semble-til point

qu'il est tousiours appellé ternaire & no[n]
pair? lequel non pair n'est pas cependant
mesme chose que ternaire: car il est dit au[ssi]
bien & de cinq, & de sept, comme de trois[,]
& autre medieté de nombres-ou imparit[é,]
car chacun de ces nombres-là est aussi bie[n]
non pair que le ternaire, & n'estant pas ce[la]
la mesme qu'est non pair, chacun d'eux n[e]
laisse pas d'estre non pair ; semblableme[nt]
& deux, & quatre, & autre ordre de nomb[re]
quel qu'il soit, combien qu'il ne soit pas ce[la]
la mesme, qu'est pair, chaque deux pourta[nt]
est pair.

CEBES.

Sans doute.

SOCRATE.

Regarde donc icy ce que ie demande, c'e[st]
qu'il semble veritablement que non seule[-]
ment les contraires entre'eux ne se reçoi[-]
uent iamais l'vn l'autre : mais aussi que le[s]
choses qui sont de telle sorte que n'estan[t]
point contraires entr'elles mesmes, cepen[-]
dant possedent tousiours des contraites, n[e]
reçoiuent iamais vne espece contraire [à]
l'espece qu'elles ont, mais qu'à son arriue[e]
elles s'en vont ou perissent. Ne dirós-nou[s]
point que trois deffaudront plustost, & pa[...]

DE L'AME.

...oient toute autre chose plustost que d'e-
...re faicts pairs, entant qu'ils sont trois?

CEBES.

...est vray.

SOCRATE.

...est-ce pourtāt que la duité n'est pas con-
...traire à la Trenité.

CEBES.

...ullement contraire.

SOCRATE.

...bien que non seulement les especes con-
...traires ne se reçoiuent iamais entr'elles
...mesmes : mais qu'outre les especes, il y a
...es choses qui ne souffrent point l'entrée
...es contraires.

CEBES.

...u dis tres-vray.

SOCRATE.

...eux-tu donc que nous definissions, s'il
...ous est possible, ces choses là comme elles
...ont ?

CEBES.

...e le desire fort.

SOCRATE.

Ces choses Cebes, ne seront elles poi[nt] choses qui occupans quoy que ce soit, le rendent tel qu'il est contraint de retenir non seulement l'Idee de soy mesme, mais dauoir aussi son contraire?

CEBES.

Comme quoy est-ce que tu dis cela?

SOCRATE.

Comme ie disois vn peu auparauant, car tu sçais que ce qui est contenu dans l'Idee de trois, doit estre non seulement trois, mais aussi non pair.

CEBES.

Il est vray.

SOCRATE.

A cela nous disions qu'vne Idee contraire à la forme qui parfaict cela, n'arriue iamais.

CEBES.

Iamais.

SOCRATE.

C'est pourquoy le nombre de trois est exempt d'estre pair.

DE L'AME. 127

CEBES.
est vray.

SOCRATE.
Il s'enfuit donc que la Trinité ou nombre de trois est necessairement non pair.

CEBES.
Ie l'aduouë.

SOCRATE.
Ainsi ce que i'auois pris à definir, à sçauoir quelles choses ce sont qui n'estans contraires à rien ne receuoient pas pourtát le contraire, Cela, dis-ie, est de mesme que la Ternité, qui n'estant point contraire au pair, ne reçoit pourtant iamais, pource qu'il luy apporte tousiours ce qui luy est contraire. Tout de mesme en est-il du nombre de deux au non pair, & du feu au froid, & de la neige à la chaleur, & de beaucoup d'autres choses comme cela. Vois donc maintenant Cebes, si tu ne penses point qu'il faille definir ainsi, que non seulement le contraire, ne reçoit point son contraire: mais aussi ce qui apporte quelque chose de contraire à ce où il va. Ce qui apporte ne receura iamais vne forme contraire à ce qui est apporté, retiens-le donc bien encore: car il

n'est pas inutile de le redire: iamais le nombre de cinq, ne receura l'espece du pair, ny dix, qui est le double du non pair: car cestuy-cy qui est contraire à l'autre ne reçoit pourtant iamais l'espece de non pair; ny au nôbre de douze, les six moitiez de ce douze ne reçoiuent iamais la forme du tout, ny tous autres qui ont comme cela la moitié d'vn nombre, ou qui en ont vne troisiesme partie, ne reçoiuent iamais la forme du plus grand nombre, car en la receuant ils periroient, & ne seroient plus ce tiers ou ceste moitié qu'ils estoient. M'entends-tu bien, & te trouues-tu bien de mon aduis en tout cela?

CEBES.
Fort bien.

SOCRATE.
Derechef, dy-moy comme depuis le commencement & me respons, non point par ce que i'interroge, mais par autre chose à mon imitation. Or ie dis outre ceste response asseuree que nous auons posee dés le commencement, rends-moy quelque autre response aussi asseuree qui soit tirée de ce que nous auons dit plus franchement, comme si tu m'interroges de la sorte, dis moy Socrate, qu'est-ce qui estant dans l
corps,

corps, l'eschauffe? Ie ne t'iray pas rendre ceste asseuree & grossiere responfe, que c'est la chaleur: mais d'vne plus exquise tiree de nos discours plus recens, ie te diray que c'est le feu. De mesme, si tu me demandes qu'est-ce qui estant dans le corps, le rend malade? Ie ne te respondray pas la maladie, mais la fieure: & si tu me demande qu'est-ce qui estant dans vn nombre le rend impair? ie ne te respondray pas l'imparité, mais l'vnité: & comme cela en autres choses, prends garde donc si tu comprend bien mon sens.

CEBES.
Entierement.

SOCRATE.
Responds moy donc, qu'est-ce qui estant dans le corps le rend viuant?

CEBES.
L'Ame.

SOCRATE.
Et cela, n'est-il pas tousiours?

CEBES.
Il ne peut estre autrement.

I

SOCRATE.

L'Ame donc, lors qu'elle occupe quelq chose, luy apporte sans doute la vie.

CEBES.

Sans doute.

SOCRATE.

N'y a il point quelque chose contraire à vie?

CEBES.

S'y a.

SOCRATE.

Et qu'est-ce?

CEBES.

C'est la mort.

SOCRATE.

Or l'ame ne reçoit iamais le contraire ce qu'elle ameine, comme nous auons a cordé aux discours precedens.

CEBES.

Il est ainsi.

SOCRATE.

Et comment appellions nous tantost qui ne reçoit point l'Idee du pair.

CEBES.

Non pair.

SOCRATE.

[e]t ce qui n'est point capable de iustice ou de [m]usique, nous l'appellions iniuste, ou non [m]usicien, & si ce qui n'est point capable de [la] mort, & qui n'en reçoit point, comment [a]ppellerons-nous? sans doute immortel. [o]r l'ame veritablement ne reçoit iamais la [m]ort, elle est donc immortelle.

CEBES.

[Il] s'ensuit, sans doute, qu'elle est immor-[te]lle.

SOCRATE.

[L']ame veritablement ne reçoit iamais la [m]ort?

CEBES.

[Ia]mais.

SOCRATE.

[N]ous nous donc faict voir cela assez clai-[re]ment.

CEBES.

[Tr]es-bien & tres-suffisamment.

SOCRATE.

[Ne] te semble-t'il point aussi, ô Cebes! que [si] non pair estoit exempt de ruyne, & de [mor]t, trois le seroit aussi; & si ce qui n'est

point capable de receuoir la chaleur ne p[e]-
riſſoit iamais, que la neige auſſi demeu[re]-
roit aupres du feu ſans ſe fondre, & qu'e[lle]
ne periroit point, & ne receuroit point [de]
chaleur.

CEBES.

Ie le croy.

SOCRATE.

Par meſme raiſon, ſi ce qui n'eſt point [ca]-
pable de deuenir froid, ne mouroit iam[ais]
lors que le feu attaque le froid, le feu ne s'[e]-
ſteindroit pas pour cela, & ne s'eſuanou[i]-
roit point : mais il ſe retireroit ſans dang[er.]

CEBES.

Il le faudroit par neceſſité.

SOCRATE.

Par vne pareille neceſſité pouuons n[ous]
conclure, touchant l'immortel, que ſi ce [qui]
eſt immortel ne perit point, il eſt impo[ſſi]-
ble que l'ame periſſe à la venuë de la mo[rt:]
car comme nos diſcours precedents [ont]
monſtré, elle ne peut point receuoir la m[ort]
& ne peut point perir, comme le tern[aire]
ne peut point eſtre pair, ny le non pai[r ne]
peut point eſtre pair, ny le feu froid, n[y la]
chaleur qui eſt au feu froide.

DE L'AME. 133

Au reſte quelqu'vn pourra dire, que [com]bien que le non pair ne deuienne ja[ma]is pair, pour l'arriuee du pair en luy, [co]mme nous auons eſté d'accord, que tou[te]sfois apres le non pair diſons, le pair ſuc[ce]de à ſa place. Et ſi quelqu'vn nous diſoit [que] le non pair eſt diſſoult, & n'eſt plus, nous [ne] luy ſçaurions nier cela. A la verité ne [ſç]aurions nous auſſi: car il n'en eſt pas du [n]on pair comme de ce qui eſt indiſſoluble; [&] s'il en eſtoit de meſme, nous trouuerions [fa]cilement que pour le pair venant, le non-[pa]ir, ny les trois ne periroient point, & [po]urrions tenir le meſme; & du feu & de la [ch]aleur, & de tout le reſte. Ne le pourrions [n]ous pas bien à ton aduis?

CEBES.

[Fo]rt aiſément.

SOCRATE.

[M]ais pour ce qui eſt de l'immortel, s'il nous [ap]pert qu'il eſt incapable de perir, il nous [ap]pert auſſi que l'ame outre ce qu'elle eſt [im]mortelle, eſt auſſi incapable de perir. Si [ce]la n'eſtoit point accordé, il faudroit trou[ue]r vne autre raiſon: mais il n'en eſt nulle[m]ent beſoin touchant cela, car qu'eſt-ce qui [ſ]oit indiſſoluble, ſi ce qui eſt immortel, [&] d'eternelle duree ſe pouuoit diſſoudre?

I iij

Nostre ame deslogeant du corps,
Auecques ses organes mors,
Ne seroit que vers & que poudre,
Et tout l'enclos de l'Vniuers
N'auroit plus rien exempt de vers:
Si l'immortel se peut dissoudre,
Les Cieux mesmes seroient dissous,
Et les Dieux mourroient comme nous.

Mais puis que ce qui est immortel est aussi incorruptible, pourquoy est-ce que l'ame si elle est immortelle, ne seroit-elle point aussi incorruptible?

CEBES.

Il s'ensuit necessairement.

SOCRATE.

Ainsi quand la mort nous separe,
Sa fureur prend pour son obiect,
Tout ce que l'homme a de subiect
A sa possession auare.
Mais ce que nous auons de beau,
D'indissoluble & d'inuisible,
D'immortel & d'incorruptible,
Ne passe point dans le tombeau,
Et nos esprits sans leurs organes,
Logeront heureux chez les Manes.

CEBES.

Il ne me reste nulle sorte de difficulté qui m'empesche de consentir à ton opinion: mais si Simias où quelqu'vn de la compagnie a quelque chose à dire, ils n'ont que faire de se taire: car il me semble qu'on ne doit laisser passer le temps en l'occasion d'ouyr parler de telles choses, ou d'en discourir.

Qui voudra proposer sa doute,
Pour se rendre tout esclarcy.
Et le temps est bien cher aussi
Quand on traitte, ou quand on escoute
Des discours pareils à ceux-cy.

SIMIAS.

Je n'ay rien à dire, non plus que toy, ô Cebes! contre les raisons precedentes, toutesfois la grandeur de la chose dont il s'agit, & la foiblesse humaine me donnent assez de deffiances sur ces discours.

SOCRATE.

Tu as raison, Simias, & nos premiers positions, combien qu'elles vous semblent dignes de foy, ont besoing pourtant d'estre plus diligemment considerees: que si vous pouuez vne fois assez comprendre, vous aurez ceste raison autant qu'il est possible de le faire, & cela estant rendu clair, vous

I iiij

n'auez plus rien à demander.

SIMIAS.

Tu dis vray.

SOCRATE.

Amis si l'ame est eternelle,
Il est bien iuste de songer,
Comme quoy nous deuons purger,
Tout le mal qui se trouue en elle.
Ce mystere à qui l'a compris,
Est bien vtile à nos esprits,
Et deuant que nostre corps meure,
Et lors qu'ayant perdu le iour,
Nous eschangeons ceste demeure,
A quelque plus heureux seiour.

Et s'il faut que la pourriture,
Fasse manger nostre ame aux vers,
Lors que les membres sont couuers,
Du fardeau de la sepulture,
Les mauuais ont le bon destin,
Car où se trouueroit en fin,
La peine ou le plaisir de l'homme,
Si quand les corps sont desmolis,
L'Ame languit, & se consomme
Auec les os enseuelis?

Mais puis que nostre esprit s'eslongne,
Quand la mort saisit nostre cher,
Qu'il ne se laisse point toucher,

DE L'AME.

Et ne deuient iamais charongne,
Tous ces esprits pernicieux,
Qui des actes plus vicieux,
Rendent l'ame & la chair complices,
Ne sçauroient fuyr leur tourment,
Et rencontrent milles supplices,
Dans les horreurs du monument.

 Et les ames les mieux sensees,
Dont la prudence & la bonté
Gouuernent à leur volonté,
Les mouuements & les pensees,
Auec le sçauoir qui les suit,
Elles s'en vont gouster le fruict
De leurs attentes arriuees,
Rien ne les suit que leur sçauoir,
Quand le trespas les a priuees
Du corps qu'elles souloient auoir.

 Dés le premier pas de la fuitte,
Qu'elles prennent à leur despart,
L'ame qui porte pour sa part,
La gloire d'estre bien instruite,
Trouue bien de l'aduancement
En son heureux commencement,
Mais celles qui n'ont pour partage,
Que l'ignorance & que le mal
Trouuent bien du desaduantage,
En ce deslogement fatal.

 Vn Demon qui durant la vie,
Habite l'esprit d'vn chacun,

Par la loy d'vn destin commun,
Conduit l'ame qu'il a suiuie,
Et la meine dedans vn lieu,
Où du commandement de Dieu,
Toutes les ames ramassees,
Vont receuoir leur iugement,
Aussi tost qu'elles sont passees,
Dans leur eternel logement.

   Ces Demons comme ils ont la charge
De les prendre au sortir d'icy,
Apres leur iugement aussi
Leur font voir vne plaine large,
Où l'ame vefue de son corps,
Attendant de nouueaux ressorts,
Long temps errante & vagabonde,
Se traine aux bors des fleuues noirs,
Dont les peuples de l'autre monde
Arrousent leurs hideux manoirs.

   Leurs fatalitez acheuees,
Elles rompent ce dur sommeil,
Et retournent vers le Soleil,
Dont elles ont esté priuees,
Vn Demon aussi les conduit,
Hors de ceste profonde nuict,
D'où leur iuste sort les r'enuoye,
Et dans ces incognus quartiers,
Leur passage au lieu d'vne voye,
Trouue de differents sentiers.

DE L'AME.

Mille destours, milles trauerses
Dans ces lieux s'offrent à leurs pas,
Quoy que Telephe ne creut pas,
Tant de routes, ny si diuerses:
Aeschile qui l'a faict parler,
Entendit qu'il falloit aller
Par vne carriere assez droicte,
Et qui ne se monstroit de rien,
Ny plus large, ny plus estroicte,
Au meschant qu'à l'homme de bien.

Mais ces opinions le trompent,
Ces chemins sont pleins de marests,
Mille gouffres, mille forests,
Mille precipices le rompent.
Sans doute Aeschile estoit menteur,
Et sans l'ayde d'vn conducteur,
Qui n'ignore pas vne adresse,
Les esprits ne sçauroient passer,
Et parmy la nuict & la presse,
Se verroient tous embarasser.

Il est bien clair des sacrifices,
Que les hommes font tous les iours,
Que ces chemins ont des destours,
Et qu'ils sont pleins de precipices;
Si bien qu'vn esprit moderé,
S'estant commis de son bon gré,
Au Demon qui le veut conduire,
Trouue son voyage plaisant,

Et se laisse si bien instruire,
Qu'il n'ignore rien du present.

Au contraire vne ame enchaisnee
Des liens de la volupté,
Et d'vn sentiment enchanté,
Parmy la chair contaminee,
Quand la mort finit ses plaisirs,
Brusle encore de vains desirs,
Dont le sang l'auoit chatoüillee
Et cherche autour des os pourris,
Ceste charongne despoüillee,
Où ses vices estoient nourris.

A la fin quand de longues geines,
Pires que flammes & que fers,
La reiettent dans les Enfers,
Pour y continuer des peines,
Le vieux demon qui l'introduit,
Dedans l'empire de la nuict,
La quitte dans ces riues sombres,
Où tout le temps de son erreur,
Ny l'Enfer, ny les autres ombres,
Ne la souffrent qu'auec horreur.

Chaque esprit gronde à ses approches,
Tous les Manes troublent sa paix,
Et pour les crimes qu'elle a faicts,
La percent toute de reproches,
Il faut des siecles infinis,
Auant que ses forfaicts punis,
Elle eschappe de sa torture,

Et sort par la necessité,
Du grand ressort de la nature,
Par qui tout est ressuscité.

Ces vilaines ames apres des longues erreurs, & des peines infinies retrouuent dans le monde, des habitations toutes conformes à leurs mauuais sentimens, & les bonnes au contraire, sans estre obligees à l'erreur, ny au supplice des autres, iouyssent bien tost apres leur trespas, d'vne demeure fortunee, capables d'exercer leurs iustes & prudentes volontez; elles s'en reuont sans doute en des lieux bien heureux: car ce sont les Dieux qui prennent la peine eux-mesmes de les y conduire.

Or la terre a beaucoup de lieux, & de bien admirables, & n'est pas si grande, ny telle que disent quelques vns, au moins à ce que i'en ay appris par d'autres.

SIMIAS.

Comment me dis-tu cela? pour moy i'ay bien ouy dire beaucoup de choses du Globe de la terre: mais non pas ce que tu dis en auoir appris de veritable, & serois-bien aise que tu prinsses la peine de le raconter.

SOCRATE.

Veritablement il me semble que l'art de Glaucus, ne raconte pas quelles choses ce font, & que de trouuer qu'elles font vrayes, c'eſt ce qui ſurpaſſe ſa faculté. Ie ne penſe pas auſſi moy-meſme y ſuffire, & quand bien i'en ſerois parfaictement ſçauant, ma vie ſeroit trop courte pour vn compte ſi long, ie te diray bien pourtant la forme du Globe de la terre, & ces lieux de la ſorte que ie crois qu'ils ſont.

SIMIAS.

Ce ſera bien aſſez.

SOCRATE.

Ie croy que ceſte maſſe eſt ronde,
Que les Cieux luy ſont à l'entour,
Et que ferme dans ſon ſeiour,
C'eſt ſon propre poids qui la fonde.
Les Cieux qui ſont eſgaux par tout,
La balancent de bout en bout,
Elle meſme en ſoy ſouſtenuë,
Par tout peſante eſgalement,
Se tient ſans s'ayder de la nuë,
De ſon contrepoids ſeulement.

Car vne choſe qui eſt ainſi d'eſgale peſanteur, ſi elle eſt miſe au milieu de quelque choſe, auſſi eſgale de par tout, elle ne ſçauroit pancher, ny d'vn coſté, ny d'autre; & ſe trouuant auecques tant de rapport, elle deieure & tient par l'inclination, & la disposition d'autruy: C'est ce que ie me suis premierement persuadé.

SIMIAS.
Auec beaucoup de raison.

SOCRATE.
Ceste masse ainsi suspenduë,
Est, comme ie croy sçauoir,
Et comme il est aisé de voir,
D'vne merueilleuse estenduë.
Nous icy comme des fourmis,
Et des grenoüilles sommes mis,
Autour des marests & de l'onde,
Entre le Phaside, & ce lieu,
Où les piliers d'vn demy dieu,
Creurent auoir borné le monde.

En plusieurs endroicts de la sorte,
Habitables comme ceux-cy,
Elle a des logemens aussi,
Pour d'autres mortels qu'elle porte.
Car selon la forme & le fais,
Qui de l'eau ou de l'air espais
Dedans ceste grandeur s'escoule,
Ses flancs deuiennent enfoncez,
Et fournissent des lieux assez,
Pour faire peupler ceste boule.

Vne plus excellente terre,
Plaine de douceur & de paix,
Où l'air ne faict venir iamais
L'importunité du tonnerre,
Pure & parfaicte en tous ses lieux,
Est assise dedans des Cieux,
Où tout est pur, tout admirable,
Là les astres sont arrangez,
Là les bien heureux sont logez,
Là tout est plaisant & durable.

 Ce grand Palais de la Nature,
Comme ie crois, s'appelle Aether,
Par ceux à qui i'ay veu traiter
Des secrets de ceste stucture.
Les astres apres ces obiects,
Qui demeurans ainsi subiects,
Penetrent les airs comme verre,
Et iusqu'au fonds de l'Vniuers,
Cherchent des chemins entr'ouuers,
Pour passer au sain de la terre.

 Nous icy comme dans vn antre,
Vn peu touchez de leurs rayons,
Assez imprudemment croyons
Estre bien esloignez du centre:
Nous pensons que nostre seiour,
Est au plus haut du large tour,
Qui ceint l'enclos de ceste masse,
Que la terre est toute dessous,

Et que les bestes auec nous,
N'en habitent que la surfasse.

 Ainsi les Tritons & Neree,
Qui dedans l'abysme des eaux
Voyent le Ciel & ses flambeaux,
Au trauers de l'onde azuree,
Imagineroient sans raison,
Qe leur moite & basse prison,
Seroit tout au dessus de l'onde,
Et que les lumieres des Cieux
Ne sçauroient apparoistre mieux,
En quelque autre quartier du monde.

 Ils croyroient que dedans Neptune
Les astres s'iroient allumer,
Et qu'ailleurs que dedans la Mer,
Ne loge ny Soleil, ny Lune,
Mais s'ils auoient tant seulement,
Du dessus de leur Element
Contemplé le siege où nous sommes,
Leurs erreurs s'esuanoüyroient,
Et leurs regards s'esbloüiroient
De la clarté qui luit aux hommes.

 Nous icy comme dans des caues,
Trop pesans pour nous enuoler,
Sous le grand Empire de l'er,
Demeurons comme des esclaues,
Nous croyons que les feux luisans,
Au trauers de l'air conduisans
Tant de lumieres incogneuës,

N'ont autre siege que les airs,
Et d'où partent leurs esclairs,
De là partent aussi les nuës.

Mais si iamais quelque aduenture
Nous esleuoit d'vn coup de vent,
Pour nous faire voir plus auant,
Les merueilles de la nature,
Nous irions iusqu'où le Soleil
Paroist si clair & si vermeil,
Iusqu'où ces nuageuses toiles
N'ont encore iamais monté,
Et dans vn Ciel où sa clarté,
S'accorde auecques les estoiles.

Là bien plus haut que le Tonnerre,
Dans vn palais si glorieux,
Si quelqu'vn abaissoit les yeux,
Sur les ordures de la terre,
Il seroit honteux de la voir,
Et rauy du nouueau sçauoir
De tant de merueilles si rares,
Voyant qu'aux prix de tant de bien,
Tous nos thresors sont moins que rien,
Se mocqueroit bien des auares.

Les poissons hors de la cauerne,
Où la bize & les aquilons,
Renuersans l'onde & les sablons,
Troublent le Dieu qui la gouuerne;
Hors des creux puants de la mer,
Où tout est vilain, tout amer,

Tout rongé de sel & d'escume,
Trouueroient beaux ces lieux icy,
Comme nous les Palais auſſi,
Où la torche du iour s'allume.

   Les marbres qui font nos murailles,
Les joyaux qui parent nos doigts,
Et tout ce que les champs Indois
Se laiſſent tirer des entrailles:
Bref tant de biens de tant de prix,
Où des plus conuoiteux eſprits
L'inſenſé deſir ſe limite,
Ne ſont rien en comparaiſon,
De ce qui luit dans la maiſon,
Où la troupe des Dieux habite.

Sur ce propos icy ie vous raconteray vne fable tresbelle, ſi vous la voulez ouyr, pour vne plus claire intelligence des contrees de ceſte excellente terre, qui eſt au deſſous du Ciel.

SIMIAS.

Nous ſerons tous bien-aiſes de l'entendre.

SOCRATE.

Qui de ce lumineux Royaume,
Que iamais la nuict ne voila,
Pourroit voir ceſte terre là,
Il la verroit comme vne Paume,

De qui le deſſus eſt couuert,
De iaune, de blanc, ou de vert,
Et mille autres couleurs encore,
Comme celle de l'arc d'Iris,
Comme l'eſmail des prez fleuris,
Et du Chariot de l'aurore.

Tout ce qu'on void dans la peinture,
Des pourtraits qui ſe font icy,
Comme tous nos obiects auſſi
Imitent vn peu leur nature,
Nos ſombres & baſſes couleurs
N'approchent point l'eſclat des leurs,
Ny la neige, ny l'eſcarlate,
Ny le iaune du lourd metal,
Qui dedans l'ame du brutal,
Si dangereuſement eſclate.

Milles autres couleurs incogneuës
A la faculté de nos yeux,
Brillent en ces ſublimes lieux,
Au trauers de l'onde & des nuës,
Et le creux d'vn ſeiour ſi beau,
Qui s'emplit de l'air & de l'eau,
Que touſiours la nature y verſe,
Luit d'vn eſclat tout different,
Si bien que ceſte terre prend
Touſiours quelque couleur diuerſe.

Là ſont peints les fruicts & les arbres,
Chaque fleur vaut vn diamant,
Là c'eſt baſtir honteuſement,

Que de faire seruir les marbres,
Les escarboucles, les rubis,
Et ce qu'vn Roy sur ses habis
Peut faire voir de plus superbe,
Se trouue parmy leurs forests,
Comme icy dedans nos marests
Se trouue du sable & de l'herbe.

 L'argent y donne peu de ioye,
Et les metaux de plus de pris,
Y viennent si fort à mespris,
Qu'on n'en faict point de la monnoye.
Là toute sorte d'animaux,
Franche de la rigueur des maux,
Où nostre terre est asseruie,
Viuent auecques liberté,
Et dans des lieux pleins de santé,
Iouissent d'vne longue vie.

 On void là des plaisans riuages,
Affranchis de la loy du sort,
Et iusqu'où la faim de la mort
N'estendit iamais ses rauages.
On y void des Isles aussi,
Bien plus belles que celles-cy,
Ce n'est point la mer qui les touche.
Elles ont au lieu de rempars,
Vn air serain de toutes pars,
Où iamais Phœbus ne se couche.

 Ceux qui dans ce pays de grace,
Occupent ces palais heureux,

Sont plus grands & plus vigoureux,
Que n'est ceste mortelle race.
Les Elemens leur sont plus doux,
L'air leur est ce que l'onde à nous,
Et dans ce merueilleux Empire
Au lieu de nostre air infecté,
Vn beau Ciel tout plein de clarté,
Est-ce que leur poulmon respire.

Ils ont l'esprit & le visage
Plus aymables que nous n'auons,
Et des choses que nous sçauons,
Vn plus grand & meilleur vsage.
Ils ont les sens en leur vigueur,
Et la desplaisante langueur,
Que nous donnent les maladies,
Ne trouble pas vn de leurs iours,
Non plus que les fascheux discours,
Que font nos ames estourdies.

D'autant que l'air vaut mieux que l'onde
Et que le Ciel vaut mieux que l'er,
Tout ce qui faict viure & parler,
Est meilleur en cest autre monde.
Ainsi de ces heureux humains,
Les esprits & les corps bien sains,
Dans leur forte temperature,
Peuuent heureusement sçauoir,
Iusques où s'estend le pouuoir,
Et la volonté de nature.

DE L'AME.

Là sont tous ces fameux miracles
Que nous oyons dire des Cieux,
Et ces vrays organes des Dieux,
Que les mortels nomment Oracles.
De vrays Temples & des Autels,
A l'entretien des immortels,
Leur donnent vne libre entree,
Et dans cest admirable lieu,
Il est aisé de voir vn Dieu,
Comme vn homme en ceste contree.

Sans aucun ombrage des nuës,
Loing de la nuict & du sommeil,
On y void & Lune, & Soleil,
Et toutes les estoiles nuës,
Iamais aucun traict de malheur,
N'y fit venir vne douleur.
Les Dieux ne sont là que propices,
On ne void point là de prison,
Ny de peste, ny de poison,
Ny de fers, ny de precipices.

Des canaux de diuerses sortes,
Retiennent des eaux là dedans,
D'où saillent des ruisseaux grondans,
Par les plis de leurs veines tortes.
Ces fosses en diuers endroicts,
Sont ores larges, ores estroits,
Leur embovcheure est toute ronde,
Ils different de ceux d'icy,

K iiij

Ores du bord plus estressi,
Ou de la baze plus profonde,
 Chacun dans les creux qui le serre,
Suiuant vn poids qui va dessous,
Ces canaux se rencontrent tous
Dans le centre de ceste terre.
Là mille merueilleux ruisseaux
Changent l'vn l'autre de vaisseaux,
Ils meslent mille fois leur course,
Et chacun forcé de changer
Laisse dans vn gouffre estranger,
Ce qu'il a porté de sa source.

 Icy des eaux viues & fortes,
Vomissant le souffre & le feu,
Icy d'autres qui coulent peu,
Laissent geler leurs vagues mortes,
Ces fleuues eternels & grands,
Sont l'vn de l'autre differents,
L'vn est fascheux, l'autre facile,
L'vn est clair, l'autre est vn torrent,
Tousiours parmy la bourbe errant,
Comme faict celuy de Sicile.

 Depuis le haut iusqu'à la baze,
L'vn dedans l'autre reuersez,
Ces fleuues sont tous balancez,
Dans vn profond & large vase,
Qui panche indubitablement,
De tous costez esgalement,
 De vase est ce fossé d'Homere,

DE L'AME.

De tout ce Globe se couurant,
Que tous ces fleuues vont ouurant,
Comme le ventre de leur mere.
 Ceste masse d'eaux passagere
Dans ce vase ainsi suspendu,
Ny trop serré, ny trop fendu,
N'est ny pesante, ny legere,
Ceste humeur est sans fondement,
Comme aussi sans nul firmament,
Elle s'abaisse, elle se leue,
Elle s'enfuit, elle reuient,
Elle s'eslance, & se retient
Sans se donner iamais de treue.
 L'air qui vient dans son ouuerture,
Et qui la suit de bout en bout.
Allant & reuenant par tout,
Est aussi de mesme nature,
Suiuant ces eaux, & ces limons,
L'air comme il faict en nos poulmons,
Incessamment souffle & respire,
Et poussé dans ces flots mouuens,
Il y faict naistre de grands vens,
Soit qu'il aille ou qu'il se retire.
 Ce canal tire son haleine,
Lors que nos eaux coulent là bas,
Et la souffle quand il est las,
Et que sa caue est toute pleine,
Ressoufflant ce qu'il a puisé,
Vn grand amas d'eaux diuisé,

Amplement nos terres abreuue,
Vn de ses bras faict des marests,
Et l'autre arrache des forests,
Pour y faire passer vn fleuue.

  Tous nos ruisseaux & nos fontaines
Naissent de ce debordement,
Et de là prend son fondement,
Le siege des vagueuses plaines.
Ces mesmes eaux en leur retour,
Vers ce vaste & profond seiour,
Du grand vase appellé Tartare,
Coulent par les chemins diuers,
De mille gouffres entr'ouuers,
Au sein de ce canal auare.

  Les vns plus promptement se rendent
Dans les lieux dont ils sont venus,
Les autres vn peu retenus,
Plus paresseusement descendent,
Repassans par mille recoins,
Les vns plus bas, les autres moins,
Ils tombent dans la grande masse,
Et voulans replacer leurs eaux,
Ils trouuent tous que leurs vaisseaux
Ont leur assiette vn peu plus basse.

  Arriuez qu'ils sont dans ce gouffre
Où ce fleuue rit, l'autre dort,
Et cest autre d'vn cours plus fort,
Ne iette que flamme & que souffre,
Et les mornes, & les coulans,

Se vont encore remeſlans,
Dans le large creux de ce ventre,
C'eſt iuſqu'où peut aller leur ſaut,
Car il faudroit tomber d'enhaut,
S'ils vouloient deſualer du centre.

  Dans ce large eſpace du monde
Quatre grands fleuues principaux,
A l'entour des champs infernaux,
Trainent le vieux cours de leur onde.
Le grand Ocean en eſt vn,
Qui ſous l'empire de Neptun,
Riche de poiſſons & de barques,
Moüille la terre à l'enuiron,
Le ſecond fleuue eſt Acheron,
Qui faiĉt vn grand marez aux Parques.

  Apres ces courſes vagabondes
Vn eſtang nommé comme luy,
Dans ces lieux de ioye & d'ennuy,
Arreſte ſes rapides ondes.
Dans ces obſcurs & triſtes bors,
Quelques fois les ombres des mors
Vont accomplir leurs deſtinees,
Et noyez que ſont tous leurs maux,
Raniment d'autres animaux,
Dans les lieux dont elles ſont nees.

  Vn fleuue de nature eſtrange,
Entre ces deux la faiĉt ſon cours,
Et tombe en vn lac, où touſiours
L'onde bruſle parmy la fange,
On void la dedans s'enflammer,

Bien plus d'eau que n'en a la Mer,
Aussi ce fleuue est il plus large,
Il ceint la terre, & va couler
Vers l'Acheron sans s'y mesler,
Puis au grand canal se descharge.

 A cause de l'onde enflammee,
Qui boult dedans ce gros vaisseau,
Ceste grande chaudiere d'eau,
Est Pyriphlegeton nommee.
Du soin de ses fangeux torrens,
Mille petits ruisseaux errans,
Par des conduites incertaines,
Reglissent dans ce lieu profond,
Et par toute la terre font
Des ruisselets & des fontaines.

 Le dernier fleuue est le Cocite,
Dont le cours d'abord fluctueux,
Est fier, grondant, impetueux,
Et rien que son flot ne l'excite.
Il est entre bleu, rouge, & noir,
Comme on void dans ce creux manoir,
La couleur de l'onde stigide,
Stix, sur les fleuues coroné,
Sans que Iupiter desthroné,
Eust perdu la foudre & l'Aegide.

 Comme les Dieux en ceste guerre,
Cocyte prend là du secours,
Et passe d'un plus roide cours,
Dans les entrailles de la terre,

DE L'AME.

Puis par mille destours roulant
Vers Pyriphlegeton coulant,
Il trouue l'Acheron en teste,
Et sans se mesler à pas vn,
Il se rend dans ce lieu commun,
Qui leur tient sa cauerne preste.

   Le grand Conseil de la nature,
L'ayant ainsi bien ordonné,
Ce regne est le lieu destiné,
Où les morts font leur aduanture.
Leur Demon les a là logez,
C'est où les Dieux les ont iugez,
Ce sont là les lieux redoutables,
Consacrez aux droicts de la mort,
Où se donne l'arrest du sort,
Pour les iustes & les coulpables.

   Qui ne rend pas bien son seruice,
Au sainct deuoir de la vertu,
Et n'est aussi tout abbatu,
Soubs l'infame empire du vice,
Tous ceux de qui les sombres iours
D'vn fade & mediocre cours,
Ont passé ceste vie humaine,
Trouuent vn pareil sort pour eux,
Ny bien-heureux, ny mal-heureux,
Dedans ceste commune plaine.

   Ils sont mis dans vne charette,
Où le Demon leur passager,
Conduisant ce fardeau leger,

Au mareſt d'Acheron s'arreſte.
Ils ſont là comme tous noyez,
Iuſqu'à tant qu'ils ſoient nettoyez
Des ordures de leurs offences,
Et quelques ſupplices ſouffers,
Les Dieux leur vont oſter les fers,
Pour leur donner des recompenſes.

  Les ames de ſang enyurees
Toutes noires de trahiſon,
Ont le Tartare pour priſon,
Et n'en ſont iamais deliurees.
Là ſont mis les tueurs des Roys,
Comme ceux qui iuſqu'aux abois,
N'ont aymé que le ſacrilege,
Et pour le tirer de ce lieu,
La miſericorde de Dieu
N'a point aſſez de priuilege.

  D'autres ames bien criminelles,
Mais pour qui les Dieux moins fachez,
Ne condamnent point leurs pechez,
A des tortures eternelles.
Ceux qu'vn brutal aueuglement,
Prouoque irraiſonnablement,
A faſcher le pere & la mere,
Sont dans ceſt eſpoir de guerir,
S'eſtans purgez auant mourir,
Par vne repentance amere.

  Vn deſgout des lieux adorables,
Vn meurtre faict mal à propos

DE L'AME.

Dont l'image oste le repos,
A l'ame de ces miserables.
Ce sont là ces crimes pesans,
Dont les Dieux ne se rapaisans
Qu'apres vne vengeance rude,
Trennent les esprits affligez,
Dedans le Tartare obligez
D'vne effroyable seruitude.

Il faut que la Lune accomplisse
Douze fois au Ciel son sentier,
Et qu'vn an passé tout entier
Pour le terme de leur supplice,
Le temps arriue qu'vn tourment,
Si durable & si vehement,
Leur promet vn peu de relasche,
Le destin à demy contant,
Et lassé de leur nuire tant,
Hors de ces cachots les arrache.

Auant leur deliurance entiere
Sortans de ce canal commun,
Ils sont tous renuoyez chacun,
Dedans le sein d'vne riuiere,
Ceux que le meurtre a condamnez,
Au Cocite sont amenez,
Cest autre fleuue plein de flames,
Reçoit ces hommes violens,
Qui contre leur Pere insolens,
En ont eu des remors dans l'ame.

Lors ces forçats auec licence,
Suiuans les flots qui les ont pris,
S'en vont visiter les esprits,
Dont ils ont blessé l'innocence,
Et les trouuans pres des palus,
Qui d'vn large & tranquile flus,
Arrousent vne heureuse plaine,
Desireux de s'y resiouyr,
Les coniurent de les ouyr,
Et d'auoir pitié de leur peine.

Si ces Manes leur font la grace
De les receuoir à mercy,
Ils s'en vont auec eux aussi,
Posseder vne heureuse place,
Et pleins de franchise & d'honneur,
Participent à leur bon-heur :
Mais tant que leur iustice auare,
Leur veut retenir leurs forfaicts,
Sans auoir ny trefue, ny paix,
Ils s'en reuont dans le Tartare.

Leur peine se rend infinie
Leur douleur ne cuit pas assez,
Et tant qu'il plaist aux offencez,
Leur faute n'est iamais punie :
Mais soudain qu'ils sont pardonnez,
Ils vont au rang des fortunez,
Le mal-heur calme son orage,
L'enfer est las de les punir,
Et chacun perd le souuenir,

D'en auoir receu de l'outrage.

 Mais ceux qui d'une saincte vie
Ont suiuy le train glorieux,
Et dont la volonté des Dieux
A tousiours limité l'enuie,
Sçauans & sans aucun deffaut,
Ils volent bien-heureux là haut,
Où parmy des grandeurs supresmes,
Ils n'ont plus de corps comme icy,
Et francs de tout humain soucy,
Ils deuiennent des Dieux eux-mesmes.

 A des felicitez si rares
Se doit donner tout nostre soing,
Car ceste gloire de bien loing,
Passe la pompe des Thiares.
Nul sans prudence, & sans bonté
Encore n'est iamais monté,
Dans ce grand palais de lumiere,
Où nostre parfaicte raison,
Doit habiter une maison
Plus heureuse que la premiere.

PHEDON.

Il finissoit ainsi sa fable, dans le discours de ces beatitudes eternelles, que les esprits bien purgez par la Philosophie, doiuent esperer, & dont il ne pouuoit, disoit-il, exprimer la magnificence faute, du loisir & de capacité d'vn homme, qui ne suffit pas

au discours des choses si merueilleuses a[u]
bout de son compte, il dit à Simias.

Toutes ces choses-là, comme ie les ay
rangees, ne sont pas dignes sans doute qu[e]
vn homme de bon sens y arreste entierement sa creance: toutesfois estans certain[s]
de l'immortalité de nos ames, nous deuon[s]
penser que leur habitation en l'autre monde sera quelque chose d'approchant à ce
que ie vous en ay discouru, & sans l'incertitude ou nous demeurons pendant la vie
il me semble qu'il est à propos de se persuader à plus pres ce que i'ay dit, & de l'apprendre par cœur, comme les Magicien[s]
font leurs vers: s'il y a du danger qu'on s[e]
trompe; il y a de la gloire à courre ce hazard, & ie croy qu'vne esperance bien legitime doit icy soulager le incommodi-
tez de ceux qui viuent dans le mespris d[u]
faste, & de la volupté du corps, & qui ayan[t]
sçeu trouuer le goust des plaisirs que l[a]
science donne, n'ont resiouy leur espr[it]
d'autre chose, & n'empruntent rien d'e[s]-
tranger pour l'accommoder, ils sont pare[z]
d'ornemens tous tirez de luy mesme, q[ui]
sont la temperance, la iustice, la magnan[i]-
mité, la liberté, la verité. Parmy toutes [ces]
vertus, le sage se trouue ferme côtre les a[t]-
teintes de la mort, & par tout le temps d[e]

DE L'AME.

sa vie, se trouue aussi preparé pour son despart, qu'à l'heure mesme qu'il faut qu'il parte. Pour vous tous, qui estes icy, vous deslogerez sans doute, & mourrez chacun à vostre temps: mais pour moy, c'est maintenant, comme diroit quelque Tragique, que les Destins m'appellent, mesme il est desia temps que ie m'en aille pour me lauer: car auant que de prendre le poison, ie me veux nettoyer pour n'incommoder point les femmes, qui s'amuseront à lauer ce corps mort. Là dessus, Criton luy demanda s'il ne vouloit rien commandez à personne, touchant ses enfans, ou pour quelque autre chose, où on luy peut faire plaisir. Ie n'ay rien à vous recommander, dit-il, que ce que ie vous presche il y a long temps, que si vous prenez garde à vous, vous me seruirez de beaucoup, & à vous mesmes, quoy que vous ne m'en voulussiez pas icy donner vostre parole, & que si vous ne suiuez en toute vostre vie les traces qui vous ont esté marquees, par tous les discours que nous auons faictz, asseurez-vous que vous n'y gaignerez rien, quoy que vous vueillez icy accorder à nostre conference. Nous y prendrons garde (luy dit Criton) mais comme quoy veux-tu qu'on t'enseuelisse? Comme il vous plaira, dit-il, au moins

si apres vous me pouuez atteindre, & to[ut]
sousriant, il se tourna vers nous; Ie ne sça[u]rois, dit-il, persuader à Criton que c'[est]
moy ce Socrate qui dispute icy, & qui ran[ge] ainsi mes discours: mais il croit que [ie]
suis ceste charongne, qu'il doit voir incon[ti]nent, & se soucie peu de la consolatio[n]
que ie vous ay voulu donner, & de l'op[i]nion que i'ay d'estre auiourd'huy bien lo[in]
de vous, & de paruenir à la condition d[es]
bien-heureux. Asseurez-en donc Criton, [ie]
vous prie, & soyez mes cautions enuers lu[y]
autrement qu'il n'a esté pour moy enue[rs]
mes Iuges: car il a respondu que ie compa[]roistrois en iugement, & vous luy respon[]drez, s'il vous plaist, qu'apres que ie sera[y]
mort, ie ne comparoistray plus pour tou[]
mais que ie m'en iray. Persuadez-le luy [ie]
vous prie, afin qu'il ait moins de regret [à]
ma mort, & que voyant brusler ou enseue[]lir mon corps, il ne soit pas si fol que de m[e]
plaindre, comme si i'endurois beaucoup; [&]
qu'il ne die point aux funerailles que c'[est]
Socrate qu'on porte au tombeau, & qu'o[n]
me va mettre soubs la terre. Sçaches au[ssi]
Criton, que ce qui est si mal dit, ne ma[n]que pas seulement en cela: mais qu'il nu[it]
aussi en quelque façon à nos esprits: ma[is]
bien il faut dire que mon corps doit est[re]

DE L'AME. 165

enseuely, & de la sorte qu'il te semblera
bon. Cela dit, il se leua, & passa dans vne
chambre pour se lauer, Criton le suiuit, &
nous pria de les attendre. Nous estions là
cependant à nous entretenir sur les discours qui auoient esté tenus, & à desplorer
nostre fortune en la perte de cet homme là,
qui estant nostre Pere à tous, nous laissoit
sa mort tous orphelins. Apres que Socrate fut laué, on luy apporta ses fils : car il en
auoit deux petits, & vn desia grand, il y vint
aussi des femmes ses domestiques. Socrate
leur ayant parlé tout deuant Criton, & leur
ayant ordonné ce qu'il vouloit, il leur com-
manda de se retirer, & à ses fils aussi, puis il
reuint à nous enuiron l'heure que le Soleil
alloit coucher : car il auoit esté là dedans
assez long temps. Comme il nous fut venu
trouuer tout laué, il s'assit, & sans qu'il
eust presque loisir de nous plus rien dire,
voicy le bourreau qui arriue, & se tenant
aupres de Socrate, il luy dit : Ie ne pense
point trouuer en toy l'estonnemēt que i'ay
accoustumé de trouuer aux autres : car ils se
despitent à moy, & me disent des iniures,
lors que faisant ma charge, par le commandement des Magistrats, ie leur viens annon-
cer qu'il leur faut aualler le poison : & i'ay
cognu à te voir icy, que tu auois l'ame

L iij

grande, & genereuse, & l'humeur paisible, que tu es le meilleur homme qui soit jamais entré dans ceste prison, & sçay bien que tu ne m'imputeras point ton malheur, mais a ceux qui en sont la cause. Tu cognois assez maintenant la nouuelle que ie t'apporte; A dieu, & tasche à te preparer à ceste necessité. Apres luy auoir dit cela, il se retira tout pleurant. Socrate tournant les yeux sur le bourreau. Adieu, luy dit-il, toymesme, ie me vay me preparer: Et tout aussi tost, voila, nous dit-il, vn honeste homme, & courtois : car ce n'est pas d'auiourd'huy seulement que ie l'ay cognu ciuil comme cela il m'a tousiours fort salué, & m'est venu icy souuent enrrctenir, ie croy qu'il est homme de bien, voyez comme quoy il me plaint. Courage Criton, faisons ce qu'il nous dit: & si le poison est prest, qu'on me l'apporte, si ne l'est pas encore, qu'on le luy fasse appester. Quoy ? dit Criton, ie croy que le Soleil n'est point encore couché, & ie sçay que les autres sont encore longtemps à prendre le poison apres qu'on leur à dit: mesme ils ne le boiuent bien souuent qu'apres auoir bien gousté & ioüy de ce qu'ils aiment: ainsi n'as tu point affaire de te haster, car il y a du temps assez. Ceux qui font de la sorte, dit Socrates, ont raison: ca il croyoit que cela leur profite à quelque chose. Et moy i'ay raison de ne le point faire, car ie croy que pour retarder ie n'y puis gaigner autre chose que de me rendre ridicule à moy-mesme, cóme trop amoureux de ma vie, & mesnager d'vne chose où ie n'ay plus rien. Mais oblige moy ie te prie, & fais ce que ie te dis. Comme Criton eut ouy ceste resolution, il fit signe à vn garçon qui n'estoit pas loin de là. Ce garçon sortist de la chambre, & sans arrester beaucoup il reuint auec celuy qui deuoit dóner le poisó qu'il apporta tout prest dãs la coupe. Socrates le regardant, Et ie te prie, dit-il, toy qui entends cecy, qu'est-ce qu'il faut que ie fasse autre chose? Que te promener, apres auoir beu iusqu'à tant que tu sentes affoiblir les iambes apres tu te coucheras: & luy disant cela il luy rendit la coupe. Socrates, veritablement, ô Echecrates, là print fort ioyeusement sans changer de couleur: mais regardant viuement comme il auoit accoustumé, il dit au bourreau: Est-il pas permis d'en respandre vn peu par maniere de sacrifice? Il n'y en a, luy dit l'autre, iustement que ce qu'il faut: I'ay tout beu: dit Socrates, mais si est-il permis au moins de prier les Dieux qu'ils me rendent ma mort fauorable, & ceste separation heureuse, ie

L iiij

les prie de bon cœur: & ainsi soit-il. Disant cela, il porte le verre à la bouche & boit fort gayement. Plusieurs de la compagnie s'estoient empeschez de pleurer iusques à lors: mais le voyant comme il beuuoit, & apres qu'il eut beu il nous fut impossible de nous retenir: pour moy ie me laissay tellement emporter à la douleur, que les larmes me tomboiét à force du regret que i'auois, non pas tãt pour luy que pour moy-mesme, & la perte que ie faisois d'vn tel amy. Criton aussi auant que de commencer de pleurer s'estoit leué; & Apollodorus qui n'auoit tout le iour fait autre chose se print lors à crier les hauts cris desplorant la condition de tous ceux qui estoient là, hormis de Socrates: Vrayement, nous dit Socrates, vous estes de braues gens, n'auez vous point de honte? ie n'auois rēuoyé ces femmes pour autre chose: car ie sçay que ceste foiblesse de se plaindre & de pleurer leur est ordinaire. Et i'ay souuent ouy dire, que c'est auec applaudissement & ioye qu'il faut s'en aller d'icy. Arrestez vous donc & prenez patience. Nous rougismes tous à ceste parole, & ne pleurasmes point dauantage. Desia tout se promenant il sentit faillir ses iambes & se coucha sur le dos, car ainsi luy auoit ordonné le bourreau, qui vn peu apres venant à le coucher commença à prendre garde aux pieds de Socrates, & à ses iambes, & luy pressant fort le pied luy demanda s'il ne sentoit rien, Rien du tout dit Socrates: apres il luy serra les iambes, & montant tousiours de la main en les serrant il nous monstra qu'elles estoient froides & toutes roides: le touchant encore vne fois, il nous dist, lors que le froid sera venu au cœur il trespassera. Aussi tost le froid le saisit. Iusques là il se descouurit, car il s'estoit enuelopé d'vne robe, & puis le dernier mot qu'il profera fut: O Criton, dit-il, nous deuons le Coq à Esculape, payez luy ie vous prie & n'y manquez point, Cela se fera, luy dit Critó: mais ne te plaist-il point encore quelque chose? A cela Socrates ne respondit point: mais ayant demeuré quoy tout vn téps il rémua vn peu: le bourreau le descouurit: lors Socrates ficha sa veuë & la perdit. Criton luy ferma les yeux & la bouche.

Voylà, Echetrates, la fin de nostre amy; homme sans doute à mon iugement le meilleur, le plus sage & le plus iuste que i'ay iamais pratiqué.

AV ROY SVR SON EXIL.
ODE.

Eluy qui lance le tonnerre,
Qui gouuerne les elemens,
Et meut auec les elemens,
La grande masse de la terre.
Dieu qui vous mit le sceptre en main
Qui vous le peut oster demain,
Luy qui vous preste sa lumiere,
Et qui malgré les fleurs de lys,
Vn iour fera de la pooussiere
De vos membres enseuelis.

    Ce grand Dieu qui fit les abysmes
Dans le centre de l'Vniuers,
Et qui les tient tousiours ouuers
A la punition des crimes:
Veut aussi que les innocens
A l'ombre de ses bras puissans
Trouuent vn asseuré refuge,
Et ne sera point irrité
Que vous tarissiez le deluge,
Des maux où vous m'auez ietté.

    Esloigné des bords de la Seine,

Et du doux climat de la Cour,
Il me semble que l'œil du iour,
Ne me luit plus qu'auecque peine:
Sur le faiste affreux d'vn rocher
D'où les ours n'osent approcher,
Ie consulte auec des furies,
Qui ne font que solliciter
Mes importunes resueries
A me faire precipiter.

   Auiourd'huy parmy des Sauuages
Où ie ne trouue à qui parler,
Ma triste voix se perd en l'air,
Et dedans l'echo des riuages:
Au lieu des pompes de Paris,
Où le peuple auecques des cris
Benit le Roy parmy les rues,
Icy les accens des corbeaux,
Et les foudres dedans les nuës
Ne me parlent que de tombeaux.

   I'ay choisi loing de vostre Empire
Vn vieux desert ou des serpens
Boiuent les pleurs que ie respans,
Et soufflent l'air que ie respire:
Dans l'effroy de mes longs ennuys,
Ie cherche, insensé que ie suis,
Vne Lyonne en sa cholere,
Qui me deschirant par morceaux
Laisse mon sang & ma misere,
En la bouche des lionceaux.

Iustes Cieux qui voyez l'outrage,
Que ie souffre peu iustement,
Donnez à mon ressentiment
Moins de mal, ou plus de courage:
Dedans ce lamentable lieu,
Fors que de souspirer à Dieu,
Ie n'ay rien qui me diuertisse;
Iob qui fut tant homme de bien
Accusa le Ciel d'iniustice,
Pour vn moindre mal que le mien.

Vous grand Roy si sage & si iuste,
Qu'on ne voit point de Roy pareil,
Suiurez vous le mesme conseil
Qui fit iadis faillir Auguste?
Sa faute offence ses nepueux,
Et faict perdre beaucoup de vœux
Aux autels qu'on doit à sa gloire:
Mesmes les astres auiourd'huy
Font des plaintes à la Memoire,
De ce qu'elle a parlé de luy.

Encore dit-on que son ire,
L'auoit bien iustement pressé,
Et qu'Ouide ne fut chassé
Que pour auoir osé mesdire:
Moy dont l'esprit mieux arresté,
D'vne si sotte liberté
Ne se trouua iamais capable,
Aussi tost que ie fus banny,
Ie souhaittay d'estre coupable.

Pour estre iustement puny.
 Mais iamais la melancolie
Qui trouble ces mauuais esprits,
N'a faict paroistre en mes escrits,
Vn pareil excez de folie:
Et si depuis le premier iour
Que mon deuoir & mon amour,
M'attacherent à vos seruices,
Ie n'ay tout oublié pour eux,
Le Ciel pour chastier mes vices
Fasse vn Enfer plus rigoureux.
 Ie n'ay point failly que ie sçache,
Et si i'ay peché contre vous,
Le plus dur exil, est trop doux,
Pour punir vn crime si lasche:
Aussi quels lieux ont ce credit,
Où pour vn acte si maudit
Chacun n'ayt droict de me poursuiure:
Quel Monarque est loing d'icy,
Qui me vueille souffrir de viure,
Si mon Roy ne le veut aussi.
 Quoy que mon discours execute,
Que feray-ie à mon mauuais sort:
Qu'appliqueray-ie que la mort,
Au malheur qui me persecute:
Dieu qui se plaist à la pitié,
Et qui d'vn sainct vœu d'amitié
Ioinct vos volontez à la sienne,
Puis qu'il vous a voulu combler

D'vne qualité si Chrestienne,
Vous oblige à luy ressembler.
　　Comme il faict à l'humaine race,
Qui se prosterne à ses autels,
Vous ferez paroistre aux mortels,
Moins de iustice, que de grace:
Moy dans le mal qui me poursuit
Ie fais des vœux pour qui me nuit,
Que iamais vne telle foudre,
N'esbransle l'establissement
De ceux qui vous ont fait resoudre,
A signer mon banissement.
　　Vn iour leurs haines appaisees
Feront caresse à ma douleur,
Et mon sort loing de mon malheur,
Trouuera des routtes aisees:
Si la clarté me dure assez,
Pour voir apres ces maux passez,
Vn Ciel plus doux à ma fortune,
Mon ame ne rencontrera
Aucun soucy qui l'importune,
Dans les vers qu'elle vous fera.
　　De la vaine la plus hardie,
Qu'Appollon ayt iamais remply,
Et du chant le plus accomply,
De sa parfaicte melodie,
Dessus la fueille d'vn papier,
Plus durable que de l'acier,
Ie feray pour vous vne image,

Ou des mots assez complaisans,
Pour bien parler de mon ouurage,
Manqueront à vos courtisans.

    Là suiuant vne longue trace
De l'histoire de tous nos Roys,
La Nauarre & les monts de Foix,
S'estonneront de vostre rare;
Là ces vieux pourtraicts effacez,
Dans mes poemes retracez,
Sortiront de vieilles Chroniques,
Et ressuscitez dans mes vers,
Ils reuiendront plus magnifiques
En l'estime de l'vniuers.

    Depuis celuy que la fortune
Amena si pres du Liban,
Et sous qui l'orgueil du Turban,
Vit fouler le front de la Lune,
Ie feray parler ces Roix morts,
Et renouuellant mes efforts
Dans le Discours de vostre vie,
Ie feray si bien mon deuoir,
Que la voix mesme de l'enuie
Vous parlera de me reuoir.

AV ROY.

CHer Obiect des yeux & des cœurs,
Grand Roy dõt les exploits vainqueurs
N'ont rien que de doux & d'auguste,

Vsez moins de voſtre amitié,
Vous perdrez ce titre de Iuſte
Si vous vſez trop de pitié.

 Quand vn Roy par tant de proiects
Voit dans l'ame de ſes ſuiects
Son authorité diſsipee;
Quoy que raiſonne le conſeil,
Ie penſe que les coups d'eſpee
Sont vn ſalutaire appareil.

 L'honneur d'vn iuſte Potentat,
Eſt de faire qu'en ſon Eſtat
La paix ayt des racines fermes:
Par là ſe doit-il maintenir,
Et demeurer touſiours aux termes
De pardonner & de punir.

 Contre ces eſprits inſenſez,
Qui ſe tiennent intereſſez
En la calamité publique,
Selon la loy que nous tenons,
Il ne faut point qu'vn Roy s'explique
Que par la bouche des canons.

 Les fors brauent les impuiſſans,
Les vaincus ſont obeiſſans,
La iuſtice eſtouffe la rage:
Il les faut rompre ſous le faix:
Le tonnerre finit l'orage,
Et la guerre apporte la paix.

 Henry, deſtourne icy tes yeux,
Et regardant ces triſtes lieux

Conſacre

Consacrez à ta sepulture,
Considere comme ton cœur
Se lasche, & contre sa nature
Reçoit vn ennemy vainqueur.

 Toutesfois grand Astre des Roys,
Celle qui te print autrefois
Encore impunemènt te braue,
Ton cœur ne luy resiste pas,
Et demeure tousiours esclaue
De ses victorieux appas.

 Grande Royne, en faueur des lys
Auec luy presque enseuelis,
N'offencez point ses funerailles;
Pour l'auoir à quoy le dessein
De venir rompre des murailles,
Si vous l'auez dans vostre sein?

 Merueilleux changement du sort,
Ce grand Roy que deuant sa mort
Vous gaigniez auecques des larmes,
Est-il si puissant auiourd'huy,
Qu'il vous faille employer des armes
Pour auoir empire sur luy.

 Quoy que ce grand cœur genereux,
Forcé d'vn respect amoureux
Ait flechy deuant vostre face,
Il n'est point si fort abbatu,
Que son fils n'y trouue vne place
Où faire luyre sa vertu.

 Nous croyons que ces reuoltez,

A nostre abord espouuantez,
Se deffendront mal à la breche:
Et qui fera comparaison
De vingt canons contre vne fleche,
Dira que nous auons raison.

SVR LA PAIX DE L'ANNEE
M. DC. XX.
ODE.

LA paix trop long temps desolee
Reuient aux pompes de la Cour,
Et retire du Mausolee
Les jeux, les dances, & l'amour.
Au seul esclat de nos espees
Les tempestes sont dissipees,
Tous nos bruicts sont enseuelis,
Mon Prince a faict cesser la guerre,
Et la grace a rendu la terre
Pleines de palmes & de lys.

  Nostre estat d'vn triste visage
Desesperé de son salut,
Sans le Roy ne trouuoit l'vsage
D'aucun remede qui valut.
Grand Roy que vos vertus sont grandes,
Et bien dignes de nos offrandes!
Que vos trauaux ont eu de fruict!
Toute la terre en est semee,
Et la voix de la renommée
N'en sçauroit faire assez de bruict.

Et bien races desnaturees,

Qu'auez vous plus à murmurer:
Les fureurs se sont retirees,
Le desordre n'a peu durer.
Vos estendars sont nostre proye,
Vos flammes sont nos feux de ioye,
Le Roy triomphe du malheur;
Et iamais on n'a veu Monarque
Qui grauast de meilleure marque
Son iugement, ny sa valeur.

 La trahison confuse & blesme
Ne sçait plus sur quoy rauager
Le Roy a mis tout ce qu'il ayme
Loing de la honte & du danger,
Il a reprimé la licence
Dont on pressoit son innocence
Et ses desseins laborieux,
Qui ne vont point à l'aduenture,
Ont fait voir que sa creature
Estoit aussi celle des Dieux
Dans nos victorieuses armes,
Si la clemence l'eust permis,
Et plus de sang, & plus de larmes
Eussent marqué ses ennemis.
Et dirois bien à quels supplices
S'attendoient leurs noires malices:
Mais il est las des les punir,
Il est honteux de leur diffame
Et seroit fasché que son ame
En eust gardé le souuenir.

M iij

Il suffit que la paix est ferme,
Que ces esprits audacieux
Ont en fin acheué le terme
De leurs complots seditieux:
Il suffit que rien n'importune
Ny sa vertu, ny sa fortune,
Que le Ciel rit à son plaisir,
Que sa gloire a lassé l'enuie,
Et que sa grandeur assouuie
Ne trouue ny but, ny desir.

    Traistres outils de nos folies,
Instrumens de flamme & de fer,
Que vos races enseuelies
Se recachent dedans l'enfer:
Aussi bien nos Dieux tutelaires,
Dont ces reuoltes ordinaires
Ont armé nos mains tant de fois,
Iurent que le premier rebelle
Sera la victime eternelle
De l'iniure de tous nos Roys.

    Esperer encores des graces,
Et croire en de pareils forfaits,
Que vous, ny vos futures races
Puissiez iamais trouuer de paix:
C'est doubter que vos felonnies
Ne soient proches d'estre punies,
C'est ne sçauoir point de prison,
S'imaginer qu'vn a deux testes,
Que le Ciel n'a point de tempestes,
Ou qu'il ayme la trahison.

Mais ie faux en mes deffiances,
Noſtre mal vous a fait patir,
Et ie croy que vos conſciences
L'ont fait auec du repentir.
Auriez vous bien la barbarie
De confeſſer que la furie
Vous ait fait venir ſans remors
Au trauers du fer & des flammes,
Où tant de genereuſes ames
Ont accreu le nombre des morts?

Ie dis de quel ſanglant orage
L'enfer ſe desborda ſur nous,
Et voulus mal à mon courage
De m'auoir fait venir aux coups.
La campagne eſtoit allumée,
L'air gros de bruict & de fumee,
Le Ciel confus de nos debats,
Le iour triſte de noſtre gloire,
Et le ſang fit rougir la Loire
De la honte de vos combats.

C'eſt aſſez fait de funerailles,
On void vn aſſez grand tableau
De cheuaux d'hommes, de murailles,
Que la flamme a ietté dans l'eau;
C'eſt aſſez, le Ciel s'en irrite:
Et de quelque ſi grand merite
Dont l'honneur flatte nos exploits,
Il n'eſt rien de tel que de viure,
Soubs vn Roy tranquille, & de ſuiure
La ſaincte Maieſté des loix.

AV ROY.

ESTREINE.

E deſſein que i'auois de ſaluër le Roy,
Et de luy faire vn don de mes vers & de moy,
D'vne vieille couſtume aux preſens ordonnée,
Attendoit que le temps recommençaſt l'annee:
Mais mon iuſte deuoir ne s'eſt pû retenir,
Ie trouue que ce iour eſt trop long à venir,
Et ce n'eſt point icy le temps, ny la couſtume,
A qui ie donne loy de gouuerner ma plume:
Quelque iour de l'annee où ie reſpire l'air,
C'eſt de ce fils des Dieux de qui ie dois parler,
Mon ame en adorant à ceſt obiect s'arreſte,
Et mon eſprit en faict mon trauail & ma feſte.
Tout ce que la nature a de rare & de beau,
Ce qui vit au Soleil qui dort dans le tombeau,
Tout ce que pût le Ciel pour obliger la terre,

Les plaisirs de la paix, les vertus de la guerrre,
Les roses, les rochers, les ombres, les ruisseaux,
Le murmur des vẽts, & le bruict des oyseaux,
Le vestement d'Iris, & le teint de l'Aurore,
Les attraits de Venus, ny les douceurs de Flore
Tout ce que tous les Dieux ont de cher & de doux.
Grand Prince, ne peut point se comparer à vous:
Cesar aupres de vous perd ce renom d'Auguste,
Mars celuy de Vaillant, Themis celuy de Iuste:
La vertu n'eut iamais des monuemens si saincts
Qu'elle en a rencontré dans vos heureux dessains:
C'est par où dans nos cœurs son amitié s'imprime,
C'est pour l'amour de vous que nous quittons le crime.
L'exemple de vos mœurs force plus que la loy,
Et vostre saincte vie authorise la foy.
Lors que ces grands desseins, à qui l'Europe entiere,
Pour vn mois d'exercice estoit peu de matiere,
Furent mis au tombeau du plus vaillant Heros,
Dont le sein de la terre ait iamais eu les os:
La vertu s'en alloit, mais vous l'auez suiuie,
Et retenant de luy la couronne & la vie,
Il vous pleut d'arrester auecques vous aussi
Les belles qualitez qui l'honoroient icy:
Ie croyois l'Vniuers perdu dans ceste perte,
Que la terre apres luy demeureroit deserte,
Que l'air seroit tousiours de tempeste allumé.

Que le Ciel dans l'enfer se verroit abismé,
Et que les elemens sans ordre & sans lumiere,
Reuiendroient en l'horreur de la masse premiere:
Sa gloire alloit du pair auec les immortels,
Et pour luy tous nos cœurs n'estoient que des Au-
  tels:
Tous les peuples Chrestiens l'auoient fait leur ar-
  bitre,
Iamais autre que luy ne posseda ce tiltre:
Sa vertu luy gaigna tous ces noms glorieux,
Que nostre fantaisie accord aux demy-Dieux
Les plus grands Roys trouuoient du merite à luy
  plaire,
Tout aymoit sa faueur, tout craignoit sa cholere.
Ainsi que ce Soleil penchant vers le tombeau,
Iettoit sur l'Vniuers l'œil plus grand & plus beau,
Sa valeur trop long temps honteusement oysiue,
Meditoit d'arracher son myrthe & son oliue:
Le bruict de ses desseins par l'Europe voloit,
Chacun de ses proiects differemment parloit,
Tous les Roys ses voisins pendoient sur la balāce,
Esgallement douteux où fondroit sa vaillance:
Son courage rioit, de voir que la terreur
Se mesloit parmy tous dans leur confuse erreur:
Son bien s'alloit borner de la terre & de l'onde,
Et sans vous c'eust esté le plus grand Roy du mon-
  de:
Que sans vous son trespas eust causé de malheurs
Qu'il nous eust fait verser,& de sang,& de pleurs!

ais grace au Roy des Cieux, tout preuoyant & sage,
Dont vous estes icy la plus parfaicte image,
Nous sommes consolez, & le mesme cercueil,
Qui renferma ses os, renferma nostre dueil:
Les arts, & les plaisirs, les autels, & les armes,
Ont presque du regret d'auoir ietté des larmes.
Quel de tous les plus grands, & des plus braues Roys,
Asseure mieux que vous l'authorité des loix?
Vostre Empire nous sçait si doucement contraindre,
Que les plus libertins ont plaisir à vous craindre:
L'ame la plus sauuage a pour vous de l'amour
Quel si grãd Roy n'est point ialoux de vostre Cour?
Et les Dieux contemplans vostre adorable vie,
Si vous n'estiez leur fils vous porteroient enuie:
Le Soleil est rauy quand son œil vous reluit,
Et ne voudroit iamais de repos ny de nuict:
Ses rayons n'ayment point à chasser le nuage,
Que pour n'estre empeschez de vous voir en visage;
C'est pour l'amour de vous qu'il bastist ses maisõs,
Q'il rompist ces chaos, qu'il changea les saisons,
Qu'il nous fit discerner le Ciel d'auecques l'onde,
Et mit le grand esclat de la lumiere au monde:
Pour vous son feu s'occupe à ce metal pesant,
Par tout dedans le Louure à vos yeux reluysant.
Pour vous sa fantaisie en nos vergers errante,

Forme le gris de lin, l'orangé, l'amarante,
Et sçachant que vos yeux se plaisent aux cou-
      leurs,
Il vous peint son amour dans la face des fleurs :
Que cest astre fut gay, quant aux riues de Loire,
Il vid les monuemens graués pour vostre gloire,
Sentant que son deuoir touchoit vostre grandeur,
Il n'esclaira iamais auecques tant d'ardeur,
Et receut comme Encens l'honorable fumée,
Que le canon donnoit à vostre renommée :
Le fleuue de son lict alors fit vn cercueil,
Qui de vos ennemys fut le sanglant accueil,
Et redoubla ses pas pour conter à Neptune,
Ce que vostre vertu fit faire à la fortune :
Neptune resiouy de vos succez heureux,
Rendit de vostre nom tous ses flots amoureux
Et d'un char empané fendant ses routes calmes,
Vint planter sur ses bords vne forest de palmes,
Et le ciel glorieux d'vn si iuste bon-heur,
Auec affection fit feste à vostre honneur :
Mars n'a point faict encor vne si belle proye,
Et vante ce iour là, plus que la nuict de Troye,
Voyant vostre ieunesse en nos sanglants combats,
Dans le sein du peril rechercher ses esbats :
Que nous eusmes de peur qu'vn excez de courage
Ne vous mist au hazard d'vn general naufrage :
Benist soit ce grand Dieu, qui d'vn soin paternel
Garde à vostre genie vn bon-heur eternel :
Il a faict vil pour vous ce que la terre admire,

Et n'a pas mieux fondé le Ciel que vostre Empire.

Ce sage & grand esprit, que vostre sainct desir
Pour le salut commun nous a daigné choisir :
Ce grand Duc nous faict voir auec trop d'asseurance
Que le destin du Ciel est celuy de la France;
Que vos plus grands desseins arriuent à leur port,
Et que vous & les Dieux n'auez qu'vn mesme sort :
On dict que ce grand Siege où tous les Dieux reposent,
Et d'vn conseil secret de nos desseins disposent,
Ce grand pourpris d'azur, d'où cent mille flambeaux
Esclattent à nos yeux si puissants & si beaux,
Eut autrefois besoin, qu'vn mortel prit l'audace
De se charger du faix de sa pesante masse :
Atlas s'auantura de soustenir les Cieux,
Autrement la nature eust veu tomber les Dieux :
Ce n'est point qu'en effect la celeste machine
Se trouuast quelquesfois proche de sa ruine,
Ny que iamais vn homme à nostre sort pareil,
Ait penetré les airs, ny touché le Soleil :
Ceste fable au vray sens que la raison luy donne
Nous enseigne qu'Atlas eut la trempe si bonne,
Et l'esprit si hardy, qu'il osa s'esleuer

Iusqu'où mortel que luy ne pouuoit arriuer:
Il sçauoit les secrets d'Iris, & du Tonnerre,
Et comme chaque estoille a pouuoir sur la terre
L'Vniuers le croyoit son general appuy,
Et plusieurs Potentats se reposoient sur luy.
La nature y reprit vne vertu seconde,
Le destin luy laissa la conduicte du monde,
Et les dieux par plaisir mirent entre ses mains
L'ineuitable droict qu'ils ont sur les humains.
Grand Roy, vous auez fait vn Ciel de vostre
    Empire;
Il eut vn bon Atlas, le vostre n'est pas pire,
Et chacun voit assez qu'en sa comparaison,
Vostre amitié s'accorde auecques la raison:
Tant que vostre faueur esclaire à ses pensees,
Nos fortunes ne sont d'aucun dueil menacées:
Quoy que les factieux retrament de nouueau,
Leurs complots en naissant trouueront leur tom-
    beau,
Et vous verrez tousiours durer à la Couronne,
La paix, qu'à vostre esprit vostre innocence
    donne:
Ainsi fasse le Ciel, & iamais son courroux
N'approche aucun danger, ny de luy, ny de vous.

ODE AV PRINCE D'ORANGE.

VN Esprit lasche & mercenaire,
Qui d'vne gloire imaginaire,
Flatte les cœurs ambitieux,
Lors qu'il parle de vos loüanges,
Met les hommes plus vicieux
A la comparaison des Anges.

Aussi bien nuë & sans appas,
La pauure Muse n'ose pas,
Parmy les pompes où vous estes
Faire venir la verité,
Et si les bouches des Poëtes
Ne quittent leur seuerité,
Elles demeureront muettes.

Prince ie dis sans me loüer,
Que le Ciel m'a voulu doüer
D'vn esprit que la France estime,
Et qui ne fait point mal sonner
Vne loüange legitime;
Quand il trouue à qui la donner.

Mais le vice à qui tout aspire,
Maistrise auecques tant d'Empire,
Ceux qui gouuernent l'Vniuers:
Que chez les plus heureux Monarques,
O honte de ce temps peruers!

A peine ay-ie trouué des marques
Qui fussent dignes de mes vers.
Et depuis que la Cour aduoue,
Ces ames de cire & de boue,
Que tout crime peut employer:
Chacun attend qu'on le corrompe,
Et les grands donnent le loyer
Tant seulement à qui les trompe.

 Lors que la force du deuoir
Pousse mon ame à deceuoir
Quelqu'vn à qui ie fais hommage:
Si quelquesfois pour vn mortel,
Ie tire vne immortelle image,
C'est afin qu'il se rende tel
Qu'il se voit peint en mon ouurage.

 Mais quand ie pense à ta valeur,
O que mon sort à de malheur !
Car mesme de nouueaux Orphées
Ne pourroient en flattant les Dieux,
Dire si bien que tes Trophées
Ne meritent encore mieux.

 Quels vers faut il que ie prepare?
En quel si beau marbre de Pare
Dois-ie grauer des monumens,
Qui soient fidelles à ta gloire?
Quels si religieux sermens,
Iurant tes faits à la memoire,
Feront croire que ie ne mens ?

 L'Espaigne mere de l'orgueil,

Ne preparoit vostre cercueil,
Que de la corde & de la roüe,
Et venoit auec des vaisseaux
Qui portoient peintes sur la proue,
Des potences & des bourreaux.

 Ses trouppes à pleine licence,
Venoit fouler vostre innocence,
Et l'appareil de ses efforts
Craignoit de manquer de matiere;
Où vos champs tapissez de corps
Manquoyent plutost de cymetiere,
Pour le sepulchre de ses morts.

 Les vostres que mordit sa rage,
Mourant disoient en leurs courages:
O nos terres, ô nos clartez?
Si vous n'estes plus asseruies,
Ayant gaigné vos libertez,
Nous voulons bien perdre nos vies.

 O vous que le destin d'honneur,
Retira pour nostre bon-heur:
Belles ames soyez apprises,
Que l'horreur de vos corps destruicts,
N'a point rompu nos entreprises,
Et que nous recueillons les fruicts,
Des peines que vous auez prises.

 Nos ports sont libres, nos rempars
Sont asseurez de toutes parts,
Picorans iusqu'au bout du monde,
Si nos victorieux nochers:

Trouuent des ennemis sur l'onde
Ce sont les vents, & les rochers.

Ainsi ta gent victorieuse,
Dessus la tombe glorieuse
Des braues dont tu fus le chef.
Maurice vante ta prouësse,
Et dans les pleurs de son meschef
Verse des larmes de liesse.

Toy seul grand Prince és le vainqueur
Car si les tiens monstrent du cœur,
Tout ce qui les y fait resoudre
Sont tes yeux, dont le feu reluit
Dans le sang, & parmy la poudre,
Comme aux orages de la nuict
Brillent les flammes de la foudre.

Sans toy qui ne deuoit douter,
Que ce peuple au lieu de gouster
La douceur d'vn repos durable,
De sa foible rebellion,
Retomberoit plus miserable
En la vengeance du Lion?

La liberté qu'on a veu naistre
Du grand Mars, dont tu pris ton estre,
Apres luy veufue de support,
Si tu n'eusses esté son frere:
Par quel secours que de la mort,
Esperoit elle se deffaire
Des mains d'vn ennemy si fort?

Tu l'arrachas du precipice,

Faisans

Faisant voir que tout est propice
A qui tu daignes secourir,
Et qu'ayant ton destin pour elle,
Parce que tu ne peux mourir
La liberté n'est pas mortelle.

   Mais que pour te deifier,
Il te falut sacrifier
De sang au tenebreux Monarque;
Que pour espargner le denier
Qu'on paye aux riues de la Parque,
Tu fis riche le nautonnier
Qui conduict la mortelle barque.

   Hercule à qui les immortels
Ont donné rang à leurs Autels,
N'a pas mieux merité sa feste,
Et si le sort l'eust assailli
Des forces qu'il t'a mis en teste,
Il eut sans doute defailli.

   Ostende où les soldats d'Ibere,
En riant de vostre misere,
Pleuroient la cause de la leur;
Voyant le sort qui t'accompagne
Vendre tant mesme le malheur,
A creu que le demon d'Espagne
S'entend auec ta valeur.

   Les ans qu'on mit pour ses ruynes
Furent les iours dont tes machines,
Regaignerent vn plus beau lieu:
Et c'est ainsi que tes iour nees,

*Comme on les conte pour vn Dieu,
Valent autant que des annees.*

*A Nuiport où ton œil charmoit,
La frayeur, & la desarmoit,
On vit Bellone au sang trempee:
Dans le choc se precipiter,
Et parfois qu'elle estoit frappee
Au lieu de Mars, & Iupiter,
Ne reclamer que ton espee.*

*Aux coups que le Canon tiroit,
Le Ciel de peur se retiroit,
La mer se veid toute alumee,
Les astres perdirent leur rang,
L'air s'estouffa de la fumee,
La terre se noya de sang.*

*Parmy la nuict de ces tumultes
Quelque grand Dieu que tu consultes,
Alors que tout semble perir,
Vint aux coups afin de te suiure
Sans besoin de te secourir:
Car pour ne t'empescher de viure
La Parque auroit voulu mourir.*

*L'ennemy battu sans retraitte,
N'auoit au bout de sa deffaicte
Que ta clemence pour support;
Ainsi par fois apres l'orage,
Les nochers ont trouué leur port,
Sur les rochers de leur naufrage.*

A bien chanter tant de combats,

Où iamais tu ne succombats,
Ie voudrois consacrer mes veilles:
Mais ton esprit trop retenu,
Se fascheroit à tes oreilles,
Si ie l'auois entretenu
De la moindre de tes merueilles.

 Aussi bien n'est il pas besoin,
Que mon Poëme soit tesmoing
De tes exploits si manifestes:
Car quelque part qu'on puisse aller,
Si quelqu'un n'a point veu tes gestes
Il en a bien ouy parler.

 L'horison de la gent sauuage
N'a point de mont ny de riuage,
Où ne soit adoré ton los,
Que dans ton nom l'Hyperboree
A faict voir à nos mattelots,
Haut escrit en lettre doree
Sur le fer de ces iauelots.

 Puis que sa gloire est accomplie,
Grands destins ie ne vous supplie,
Que de faire continuer
L'honneur ou ie le vois paroistre
Sans le faire diminuer,
Quand vous ne le pouuez accroistre.

 Mais le Ciel que tu dois orner,
Maurice tasche de borner
Le fil sacré de tes iournees:
Il t'a desia marqué le lieu

Ou tu dois apres cent annees,
Assis vn peu plus bas que Dieu,
Fouler aux pieds les destinees.

Les Muses en m'ouurant les Cieux,
M'ont faict voir que ces demidieux
A qui la terre faict offrande :
Fors le bien de ton amitié,
N'ont point felicité si grande,
Qui ne te peut faire pitié.

Les astres, dont la bien-veillance
Se sent forcer de ta vaillance,
Sont apprestez pour t'accueillir:
Desia leur splendeur t'enuironne,
Dieu comme fleurs les vient cueillir.
Pour t'en donner vne couronne
Qui ne pourra iamais vieillir.

A MONSIEVR LE DVC DE LVYNES.
ODE.

EScriuains tousiours empeschez,
Apres des matieres indignes;
Coupables d'autant de pechez,
Que vous auez noircy de lignes,
Ie m'en vay vous apprendre icy,
Quel d'eust estre vostre soucy,
Et dessus les iustes ruynes

De vos ouurages criminels,
Auecques des vers eternels
Peindre l'image de Luynes.

 Ie confesse qu'en me taisant
D'vne si glorieuse vie,
Ie m'estois rendu complaisant
Aux iniustices de l'enuie,
Et meritois bien que le Roy
En suitte du premier effroy,
Dont me fit pallir sa menace,
M'eust fait sentir les cruautez,
Qui n'ont point merité de grace.

 A qui plus iustement qu'à luy,
Se doiuent nos sainctes loüanges?
Quel des humains voit auiourd'huy
Sa vertu si proche des Anges?
Ceux que le Ciel d'vn iuste choix
Fait entrer dans l'ame des Roys,
Ils ne sont plus ce que nous sommes,
Et semblent tenir vn milieu
Entre la qualité de Dieu,
Et la condition des hommes.

 Vn chacun les doit estimer,
Ainsi qu'vn Ange tutelaire,
La vertu c'est de les aymer,
L'innocence est de leur complaire,
Les mouuemens de la bonté
C'est proprement leur volonté.
Les suiure c'est fuyr le vice,

Bien viure c'est les imiter,
Et ce qu'on nomme meriter,
C'est de mourir pour leur seruice.

 Grand Duc que toutes les vertus
Recommandent à nostre estime,
Et que les vices abatus
Tienne pour vainqueur legitime,
Benits soient par tout l'vniuers
Les doctes & les sages vers,
Où ta gloire sera semee,
Et iamais ne soyent innocens,
Ceux qui refuseront l'encens
Aux autels de ta renommee.

 Vn nombre d'esprit furieux
De ta prosperité s'irritte,
Et fait des querelles aux Cieux,
Pour auoir payé ton merite,
Appaisez vous foibles mutins,
En despit de vous les Destins
Luy seront à iamais propices,
Puis que mon Prince en prend le soing,
Sçachez que sa fortune est loing
Du naufrage & des precipices.

 Si son ame estoit sans appas,
Si sa valeur estoit sans marques,
Et que sa vertu ne fust pas
Necessaire aupres des Monarques,
On pourroit auec moins de tort
Blasmer son fauorable sort,

Mais toutes nos ingratitudes
S'accorderont à confesser,
Que sa prudence à faict cesser
La honte de nos seruitudes.

   Quand le Ciel parmy nos dangers,
Auoit horreur de nos prieres,
Que les yeux des plus estrangers
Donnoient des pleurs à nos miseres,
Quand nos maux alloient iusqu'au bout,
Que l'estat branslant de par tout
Estoit prest à changer de maistre,
Il fist mourir nostre douleur,
Et perdre esperance au malheur
De la faire iamais renaistre.

   Ce grand Iour, où tant de plaisirs
Succederent à tant de peines,
Qui fit changer tant de desirs,
Et qui r'appaisa tant de haines :
Tous nos cœurs, sans fard & sans fiel,
Enclinans où l'amour du Ciel
Poussoit vos volontez vnies,
Rauis de ce commun bon heur,
Firent des vœux à son honneur,
Pour nos calamitez finies.

   Ceux qui mieux ont senti l'effect,
D'vne si loüable victoire,
Honteux du bien qu'il leur a faict,
Ont du mal à souffrir sa gloire :
Ils arrachent à leurs esprits

Le ressentiment du mespris,
Dont la grandeur estoit foulée,
Quand leur foiblesse auec raison,
Souhaittoit l'heureuse saison
Que ce grand Dieu a rappellée.

Le remors vous doit bien punir,
Vostre ame est bien peu liberale,
De luy nier le souuenir
D'vne grace si generale,
Que vos fureurs changent d'obiect,
Aussi bien cherchant le suiect,
De la hayne qui vous anime,
Vous ne trouuerez point dequoy,
Sinon que la faueur du Roy
Tienne lieu de honte & de crime.

Ceux qui veillent à rechercher
Quelque iuste suiect de blasme,
Ne peuuent point luy reprocher
Vn deffaut du corps ny de l'ame;
Pour moy lors que ie pense à luy,
C'est enuye qui pousse autruy
De mes sens bien loin se retire,
Tous mes vers vont au compliment,
Et ne sçaurois trouuer comment
Il se faut prendre à la satire.

S'il est coupable, c'est d'auoir
Trop de iustice, & de vaillance,
D'aymer son Prince, & receuoir
Les effects de sa bien-veillance:

Grand Duc laisse courir le bruit,
Et gouste doucement le fruict
Que la bonne fortune apporte,
Tous ceux qui sont tes ennemys.
Voudroient bien qu'il leur fut permis
D'estre criminels de la sorte.

Iamais à leurs funestes vœux
Vn Dieu propice ne responde:
Iamais sinon ce que tu veux
Ne puisse reüssir au monde,
Que tousiours de meilleurs succez
Te donnent de nouueaux accez
A des felicitez plus grandes,
Et qu'en fin les plus enragez
A ta deuotion rangez,
Te viennent payer des offrandes.

A MONSIEVR DE MONTMORENCY.

ODE.

Lors qu'on veut que les Muses flattent
Vn homme qu'on estime à faux,
Et qu'il faut cacher cent deffaux,
Afin que deux vertus esclattent;
Nos esprits d'vn pinceau diuers,
Par l'artifice de nos vers

Font le visage à toutes choses;
Et dans le fard de leurs couleurs.
Font passer des mauuaises fleurs
Sous le teinct des lys & des roses.

  Ce vagabond, de qui le bruict
Fut si chery des destinees,
Et si grand que trois milles annees
Ne l'ont point encores destruict:
Auecques de si bonnes marques
N'eust foulé la rigueur des Parques,
N'y peuplé le pays Latin,
Si depuis qu'on brusla sa ville
Auguste n'eust prié Virgile
De luy faire vn si beau destin.

  Tout de mesme au siecle où nous sommes,
Les richesses ont achepté
De nostre auare lascheté
La façon de loüer les hommes:
Mais ie ne te conseille pas,
De presenter aucun appas,
A tant de plumes hypocrites:
D'autant que la posterité
Verra mieux dans la verité
La memoire de tes merites.

  Laisse là ces esprits menteurs,
Sauue ton nom de leurs ouurages,
Les complimens sont des outrages,
Dedans la bouche des flatteurs:
Moy qui n'ay iamais eu le blasme

De farder mes vers ny mon ame,
Ie trouueray mille tesmoings
Que tous les censeurs me reçoiuent,
Et que les plus entiers me doiuent
La gloire de mentir le moins.
   Ceste grace si peu vulgaire
Me donne de la vanité,
Et faict que sans temerité
Ie prendray le soing de te plaire,
Les Dieux aydans à mon dessein,
Me verseront dedans le sein
Vne fureur mieux animee?
Ils m'apprendront des traits nouueaux
Et plus durables & plus beaux,
En faueur de ta renommée.
   Mais aussi tost que mon desir,
Qui ne respire que la gloire
De trauailler à ta memoire,
Iouira d'vn si doux loisir,
Mon Astre qui ne sçait reluire,
Que pour me troubler & me nuire,
Cachera son mauuais aspect,
Et son influence inhumaine
N'a pas eu pour moy tant de haine,
Qu'elle aura pour toy de respect.
   Mes affections exaucées
En l'ardeur d'vn si beau proiect,
Recouureront pour ton suiect
La liberté de mes pensees :

Mes ennuys seront escartez,
Et mon ame aura des clartez
Si propices à tes loüanges,
Que le Ciel s'il n'en est ialoux
Ayant trouué mes vers si doux,
Il les fera redire aux Anges.

    Ie sens vne chaleur d'esprit,
Qui vient persuader ma plume,
De tracer le plus grand volume
Que François ait iamis escrit,
Tout plein de zele & de courage.
Ie m'embarque à ce grand ouurage;
Ie sçay l'Antarctique & le Nort,
I'entends la carte & les estoiles,
Et ne fais point enfler mes voiles
Autant qu'estre asseuré du port.

    Par les rochers & dans l'orage
De l'onde où ie me suis commis,
Ie prepare à mes ennemis
L'esperance de mon naufrage :
Mais que les Astres irritez
De toutes leurs aduersitez
Persecutent mon entreprise;
Ie ne cognois point de malheur,
Qu'au seul renom de ta valeur
Ie ne vainque, ou ie ne mesprise.

FEV MONSIEVR DE LOSIERES.

ODE.

MON Dieu que la franchise est rare,
Qu'on trouue peu d'honnestes gens!
[Q]e la fortune & ses regens
[s]ont pour moy d'vne humeur auare,
[L]OSIERES, Personne que toy,
[D]ans les troubles où ie me voy,
[N]e me monstre vn œil fauorable :
[T]out ne me faict qu'empeschement,
[E]t l'amy le plus secourable
[N]e m'assiste que laschement.

Si i'estois vn homme de fange,
[E]t d'vn esprit iniurieux,
[Q]ui ne porta iamais les yeux
[S]ur le suiet d'vne loüange,
[O]u qu'on m'eust veu desobliger
[C]eux qui me veulent affliger :
[I]e ne serois point pardonnable,
[I]'approuuerois mes ennemys,
[E]t trouuerois irraisonnable
[L]e secours que tu m'as promis.

Mais iamais encore l'enuie
[D]'escrire vn Pasquin ne me prit,
[E]t tout le soin de mon esprit

Ne tend qu'à l'aise de ma vie,
J'ayme bien mieux ne dire mot
Du plus infame & du plus sot,
Et me sauuer dans le silence,
Que d'exposer mal à propos
A l'effort d'vne violence
Ma renommée, & mon repos.

O destin que tes loix sont dures!
L'innocence ne sert de rien:
Que le sort d'vn homme de bien
A de cruelles aduantures!
Ce grand Duc redouté de tous,
Dont ie ne souffre le couroux,
Pour aucun crime que ie sçache,
Me menasse d'vn chastiment,
Contre qui l'ame la plus lasche
Fremiroit de ressentiment.

Il est bien aisé de me nuire,
Car ie ne puis m'assuiettir
Au soucy de me garentir,
Quoy qu'on fasse pour me destruire:
Ie sçay bien qu'vn astre puissant,
A tous ses vœux obeyssant,
Force les plus fiers à luy plaire,
Et que c'est plus de dépiter
La menace de sa colere,
Que le foudre de Iupiter.

Mais que la flamme du tonnere
Vienne esclatter à mon trespas,

Et le Ciel fasse sous mes pas,
Creuer la masse de la terre,
Mon esprit sans estonnement
S'appreste à son dernier moment:
Plus ie sens approcher le terme,
Plus ie desire aller au port,
Et tousiours d'vn visage ferme
Ie regarde venir la mort.

Ainsi quoy que ce fier courage
Menace mon foible destin,
Sans estre poltron ny mutin,
Ie verray fondre cet orage,
Et coniurer ton amitié,
De n'auoir ny soin ny pitié,
Quelque mal-heur qui m'importune;
Dieu nous blesse & nous sçait guerir:
Et les hommes ny la fortune,
Ne nous font viure ny mourir.

A MONSIEVR LE MARQVIS DE BO-QVINGANT, ODE.

Vous pour qui les rayons du iour
Sont amoureux de cet Empire,
Que Mars redoute & que l'amour

Ne sçauroit voir qu'il ne souspire,
C'est bien auecques du subiect
Qu'vn grand Roy vous a fait l'obiect
D'vne affection infinie,
Et que toutes les nations
Ont permis que vostre genie
Forçast leurs inclinations.

 Les faueurs que vous meritez
Ont obligé mesme l'enuie
D'accroistre vos prosperitez,
En disans bien de vostre vie.
Lors qu'elle veut parler de vous,
Sans artifice, & sans courroux,
Elle se produit toute nuë,
Et ses vains desirs abatus,
Fait gloire d'estre recogneuë
Pour triomphe de vos vertus.

 Personne n'est fasché du bien
Dont vostre sort heureux abonde,
D'autant qu'il ne vous sert de rien
Qu'à faire du plaisir au monde.
Ainsi le celeste flambeau,
Qui fut l'ornement le plus beau
Qu'enfanta la masse premiere,
N'a iamais eu des enuieux,
Car il n'vse de sa lumiere
Que pour en esclairer nos yeux.

 Chaque saison donne ses fruicts:
L'Automne nous donne ses pommes,

L'Hyuer

L'Hyuer donne ses longues nuicts,
Pour vn plus grãd repos des hõmes:
Le Printemps nous donne des fleurs,
Il donne l'ame, & les couleurs
Et la fueille qui semble morte:
Il donne la vie aux forests,
Et l'autre saison nous apporte,
Ce qui fait iaunir nos guerets.

 La terre pour donner ses biens
Se laisse fouiller iusqu'au centre :
Et pour nous les champs Indiens
Se tirent les thresors du ventre.
L'onde enrichit de cent façons,
Nos vaisseaux & nos hameçons,
Et cet element si barbare,
Pour se faire voir liberal,
Arache de son sein auare,
L'Ambre, la Perle, & le Coral.

 Ce qu'on dict de ce grand thresor
Decoulant de la voix d'Alcide,
C'estoiẽt vrayemẽt des chaisnes d'or,
Qui tenoient les esprits en bride,
Cognoissant ces diuins appas
Alexandre donnoit-il pas
Tout son gain de paix & de guerre ?
Ce Prince auec tout son bon heur,
S'il n'eust donné toute la terre,
Ne s'en fust iamais faict Seigneur.

 Les Zephirs se donnent aux flots,

*Les flots se donnent à la Lune,
Les Nauires aux Matelots,
Les Matelots à la fortune,
Tout ce que l'uniuers conçoit
Nous apporte ce qu'il reçoit
Pour rendre nostre vie aisee;
L'Abeille ne prend point du Ciel
Les doux presens de la rosée,
Que pour nous en donner le miel.*

*Les rochers, qui sont le tableau
Des sterilitez de nature,
Afin de nous donner de l'eau,
Fendent-ils pas leur masse dure!
Et les champs les plus impuissans
Nous donnent l'yuoire & l'encens;
Les deserts les plus inutiles
Donnēt de grands tiltres aux Roys,
Et les arbres les moins fertiles
Nous donnēt de l'ombre & du bois.*

*Marquis, tout donne comme vous,
Vous donnez comme celuy mesme,
Dont les animaux sentent tous
La liberalité supresme,
Dieu nous donne par son amour,
Auecques les presens du iour
Les traits mesmes de son visage?
Ce monde, ouurage de ses mains,
N'est point basty pour son visage,
Car il l'a fait pour les humains:*

Que le Ciel reçoit de plaisir
Alors qu'il voit sa creature
Viure dans vn si beau desir,
Et si conforme à sa nature,
Ie voudrois bien vous imiter,
Mais ne pouuant vous presenter
Ce que la fortune me cache,
Puisque tout donne en l'vniuers,
Ie veux que tout le monde sçache
Que ie vous ay donné des vers.

CONTRE L'HYVER.
ODE.

Plein de cholere & de raison
Contre toy barbare saison
Ie prepare vne rude guerre
Malgré les loix de l'vniuers,
Qui de la glace des hyuers
Chassent les flammes du tonnerre:
Auiourd'huy lire de mes vers
Des foudres contre toy desserre.

   Ie veux que la posterité
Au r'apport de la verité
Iuge ton crime par ta haine,
Les Dieux qui sçauët mon malheur
Cognoissent qu'il y va du leur,
Et d'vne passion humaine,

Participans à ma douleur
Promettent d'alleger ma peine.

  La Parque retranchant le cours
De tes Soleils bien que si cours,
Rien que nuict sur toy ne deuide,
Puisse tu perdre tes habits,
Et ce qu'au parc de nos brebis
Peut souhaitter le loup auide,
T'arriue & tous les maux d'Ibis,
Comme le souhaittoit Ouide.

  Cerés ne voit point sans fureur
Les miseres du Laboureur,
Que ta froidure a fait resoudre,
A brusler mesmes les forests,
Les champs ne sont que des marests,
L'esté n'espere plus de moudre
Le reuenu de ses guerests,
Car il n'y trouuera que poudre:

  Tous nos arbres sont despouillez,
Nos promenoirs sont tous mouillez,
L'esmail de nostre beau parterre
A perdu ses viues couleurs,
La gelée a tué les fleurs,
L'air est malade d'un caterre,
Et l'œil du Ciel noyé de pleurs
Ne sçait plus regarder la terre.

  La nasselle attendant le flux
Des ondes qui ne courent plus,

Oysifue au port est retenuë,
La tortuë & les limaçons,
L'oyseau sur vne branche nuë,
Attend pour dire ses chansons,
Que la fueille soit reuenuë.

 Le Heron quand il veut pescher,
Trouuant l'eau toute de rocher,
Se paist du vent & de sa plume,
Il se cache dans les roseaux,
Et contemple au bord des ruisseaux,
La bize contre sa coustume,
Souffler la neige sur les eaux,
Où boüilloit autresfois l'escume.

 Les poissons dorment asseurez,
D'vn mur de glace remparez,
Francs de tous les dangers du mõde,
Fors que de toy tant seulement,
Qui restreins leur moitte element,
Iusqu'à la goutte plus profonde,
Et les laisses sans mouuement,
Enchassez en l'argent de l'onde.

 Tous les vents brisent leurs liẽs,
Et dans les creux Aeoliens,
Rien n'est resté que le zephire,
Qui tient les œillets & les lys,
Dans ses poumons enseuelis,
Et triste en la prison souspire,
Pour les membres de sa Philis,
Que la tempeste luy deschire.

Auiourd'huy mille matelots,
Où ta fureur combat les flots,
Deffaillis d'art & de courage,
En l'aduenture de tes eaux,
Ne rencontrent que de tombeaux,
Car tous les astres de l'orage,
Irritez contre leurs vaisseaux,
Les abandonnent au naufrage.

Mais tous ces maux que ie descris,
Ne me font point ietter de cris,
Car eusses tu porté l'abysme,
Iusque où nous leuons les yeux,
Et d'vn desbord prodigieux,
Trempé le Ciel iusqu'à la cime,
Au lieu de t'estre iniurieux,
Hyuer ie loüerois ton crime.

Helas! le gouffre des malheurs,
D'où ie puise l'eau de mes pleurs,
Prend bien d'ailleurs son origine,
Mon desespoir dont tu te ris,
C'est la douleur de ma Cloris,
Qui rend toute la Cour chagrigne,
Les Dieux qui tous en sont marris,
Iurent ensemble ta ruine.

Ce beau corps ne dispose plus
De ses sens dont il est perclus
Par la froideur qui les assiege:
Espargne hyuer? tant de beauté
Remets sa voix en liberté,

Fais que ceste douleur s'allege,
Et pleurant de ta cruauté,
Fais distiller toute la neige.

Qu'elle ne touche de si pres
L'ombre noire de tes Cypres,
Car si tu menassois sa teste,
Le laurier que tu tiens si cher,
Et que l'esclair n'ose toucher
Seroit subiect à la tempeste,
Et les Dieux luy feroient secher
La racine comme le feste.

Mais si ta crainte ou ta pitié,
Veut flechir mon inimitié,
Sois luy plus doux que de coustume,
Ronge nos vignes de muscats,
Dont les Muses font tant de cas,
Mais à la faueur de ma plume,
Dans ses membres si delicats
Ne r'ameine iamais le rume.

Promeine tes froids Aquilons
Par la campagne des gelons,
Gresle dessus les monts de Thrace:
Mais si iamais tu reprimas,
La violence des frimas,
Et la dureté de ta glace
Sur les plus temperez climats,
Le sien tousiours ayt ceste grace.

Sa maison comme le sainct lieu,
Consacré pour le nom d'un Dieu,

Rien que pluye d'or ne possede,
Ta neige fonde sur son toit,
Vn sacré nectar qui ne soit
Ny bruslant, ny glacé, ny tiede,
Mais tel que Iupiter le boit
Dans la coupe de Ganimede.

 Si tu m'accordent ce bon-heur,
Par cet œil que i'ay fait Seigneur
D'vne ame à l'aymer obstinée,
Ie iure que le Ciel lira,
Ton nom qu'on enseuelira,
Qu'au tombeau de la destinée,
Et par moy ta louange ira,
Plus loing que la derniere année.

LE MATIN,
ODE.

L'Aurore sur le front du iour,
Seme l'azur, l'or & l'yuoire,
Et le Soleil lassé de boire,
Commence son oblique tour,
 Les cheuaux au sortir de l'onde,
De flamme & de clarté couuerts,
La bouche & les naseaux ouuerts,
Ronflent la lumiere du monde.
 La Lune fuit deuant nos yeux,

La nuict a retiré ses voiles,
Peu à peu le front des estoilles,
S'vnit à la couleur des Cieux.

 Desia la diligente Auette,
Boit la marialaine & le thyn,
Et reuient riche du butin,
Qu'elle a pris sur le mont Hymette.

 Ie voy le genereux Lion,
Qui sort de sa demeure creuse,
Herissant sa perruque affreuse,
Qui faict fuir Endimion,

 Sa Dame entrant dans les boccages,
Compte les Sangliers qu'elle a pris,
Ou deuale chez les esprits
Errant aux sombres marescages.

 Ie voy les Agneaux bondissans,
Sur ces bleds qui ne font que naistre:
Cloris chantant les meine paistre,
Parmy ces costaux verdissans.

 Les oyseaux d'vn ioyeux ramage,
En chantant semblent adorer,
La lumiere qui vient dorer,
Leur cabinet & leur plumage.

 La charrüe escorche la plaine,
Le bouuier qui suit les seillons,
Pressé de voix & d'aiguillons,
Le couple des bœufs qui l'entraine.

 Alix appreste son fuseau,
Sa mere qui luy faict la tasche,

Presse le chanure qu'elle attache,
A sa quenoüille de roseau.

 Vne confuse violence,
Trouble le calme de la nuict,
Et la lumiere auec le bruit,
Dissipe l'ombre & le silence.

 Alidor cherche à son resueil
L'ombre d'Iris qu'il a baisée,
Et pleure en son ame abusée
La fuitte d'vn si doux sommeil.

 Les bestes sont dans leur taniere
Qui tremblent de voir le Soleil :
L'homme remis par le sommeil,
Reprend son œuure coustumiere.

 Le forgeron est au fourneau
Oy comme le charbon s'alume,
Le fer rouge dessus l'enclume,
Estincelle sous le marteau.

 Ceste chandelle semble morte,
Le iour la faict esuanouyr,
Le Soleil vient nous esblouyr,
Voy qu'il passe au trauers la porte.

 Il est iour, leuons nous Philis,
Allons à nostre iardinage,
Voir s'il est comme ton visage,
Semé de roses, & de lys.

LA SOLITVDE.
ODE.

Dans ce val solitaire & sombre,
Le cerf qui brame au bruict de l'eau,
Panchant ses yeux dans vn ruisseau,
S'amuse à regarder son ombre.

De ceste source vne Naiade,
Tous les soirs ouure le portail
De sa demeure de crystal,
Et nous chante vne serenade.

Les Nymphes que la chasse attire
A l'ombrage de ces forests,
Cherchent des cabinets secrets,
Loing de l'embuche du Satire.

Iadis au pied de ce grand chesne,
Presque aussi vieux que le Soleil,
Baccus, l'Amour & le Sommeil,
Feirent la fosse de Silene.

Vn froid & tenebreux silence,
Dort à l'ombre de ses ormeaux,
Et les vents battent les rameaux
D'vne amoureuse violence.

L'esprit plus retenu s'engage,
Au plaisir de ce doux sejour,
Où Philomele nuict & iour,

Renouuelle vn piteux langage.
  L'or fraye & le hibou s'y perche,
Icy viuent les loup-garoux:
Iamais la iustice en courroux,
Icy de criminels ne cherche.
  Icy l'amour faict ses estudes,
Venus y dresse des Autels:
Et les visites des mortels,
Ne troublent point ces solitudes.
  Ceste forest n'est point profane,
Ce ne fut point sans la fascher,
Qu'Amour y vint iadis cacher,
Le berger qu'enseignoit Diane.
  Amour pouuoit par innocence,
Comme enfant, tendre icy des rets,
Et comme Reyne des forests,
Diane auoit ceste licence.
  Cupidon d'vne douce flamme,
Ouurant la nuict de ce valon,
Mist deuant les yeux d'Appollon,
Le garçon qu'il auoit dans l'ame.
  A l'ombrage de ce bois sombre,
Hyacinthe se retira,
Et depuis le Soleil iura
Qu'il seroit ennemy de l'ombre.
  Tout aupres le ialoux Boree,
Pressé d'vn amoureux tourment,
Fut la mort de ce ieune amant,
Encore par luy souspiree.

Saincte forest ma confidente,
Ie iure par le Dieu du iour,
Que ie n'auray iamais amour,
Que ne te soit toute euidente.

Mon Ange ira par cest ombrage,
Le Soleil le voyant venir,
Ressentira du souuenir,
L'accez de sa premiere rage.

Corine ie te prie approche,
Couchons nous sur ce tapit vert,
Et pour estre mieux à couuert,
Entrons au creux de ceste roche:

Ouure tes yeux ie te supplie,
Mille amours logent là dedans,
Et de leurs petits traits ardans,
Ta prunelle est toute remplie.

Amour de tes regards souspire,
Et ton esclaue deuenu,
Se voit luy-mesme retenu,
Dans les les liens de son empire.

O beauté sans doute immortelle,
Où les Dieux trouuent des appas,
Par vos yeux ie ne croyois pas,
Que vous fussiez du tout si belle.

Qui voudroit faire vne peinture,
Qui peust ses traits representer,
Il faudroit bien mieux inuenter,
Que ne fera iamais nature.

Tout vn siecle les destinées,

Trauaillerent apres ses yeux,
Et ie croy que pour faire mieux,
Le temps n'a point assez d'années.

 D'vne fierté pleine d'amorce,
Ce beau visage a de regards,
Qui iettent des feux & des dards,
Dont les Dieux aymeroient la force.

 Que ton teint est de bonne grace,
Qu'il est blanc, & qu'il est vermeil,
Il est plus net que le Soleil,
Et plus vny que de la glace.

 Mon Dieu que tes cheueux me plaisent,
Ils'esbattent dessus ton front,
Et les voyant beaux comme ils sont,
Ie suis ialoux quand ils te baisent.

 Belle bouche d'ambre & de rose,
Ton entretien est desplaisant,
Si tu ne dis en me baisant,
Qu'aymer est vne belle chose.

 D'vn air plein d'amoureuse flame,
Aux accens de ta douce voix,
Ie voy les fleuues & les bois,
S'embraser côme a faict mon ame.

 Si tu moüilles tes doigts d'yuoire,
Dans le crystal de ce ruisseau,
Le Dieu qui loge dans ceste eau,
Aymera s'il en ose boire.

 Presente luy ta face nuë,
Tes yeux auecques l'eau riront,

Et dans ce miroir escriront,
Que Venus est icy venuë.

Si bien elle sera depeincte,
Les Faunes s'en enflammeront,
Et de tes yeux qu'ils aymeront,
Ne sçauront descouurir la feinte.

Entend ce Dieu qui te connie,
A passer dans son element,
Oy qu'il souspire bellement
Sa liberté desia rauie.

Trouble luy ceste fantasie,
Destourne toy de ce miroir,
Tu le mettras au desespoir,
Et m'osteras la ialousie.

Voy-tu ce tronc & ceste pierre,
Ie croy qu'ils prennēt garde à nous,
Et mon amour deuient ialoux
De ce myrthe & de ce lierre.

Sus ma Corine? que ie cueille,
Tes baisers du matin au soir,
Voy commēt pour nous faire asseoir,
Ce myrthe a laißé choir sa fueille.

Oy le Pinçon & la Linotte,
Sur la branche de ce rosier,
Voy branler leur petit gosier,
Oy comme ils ont changé de notte.

Approche, approche ma Driade,
Icy murmureront les eaux,
Icy les amoureux oyseaux,

Chanteront une serenade.

Preste moy ton sein pour y boire,
Des odeurs qui m'embasmeront,
Ainsi mes sens se pasmeront,
Dans les lacs de tes bras d'yuoire.

Ie baigneray mes mains folastres,
Dans les ondes de tes cheueux,
Et ta beauté prendra les vœux,
De mes œillades idolatres.

Ne crains rien, Cupidon nous garde,
Mon petit Ange és tu pas mien,
Ha ! ie voy que tu m'aymes bien,
Tu rougis quand ie te regarde.

Dieux que ceste façon timide,
Est puissante sur mes esprits,
Regnauld ne fut pas mieux esprits,
Par les charmes de son Armide.

Ma Corine que ie t'embrasse,
Personne ne nous voit qu'Amour,
Voy que mesme les yeux du iour,
Ne trouuent point icy de place.

Les vents qui ne se peuuent taire,
Ne peuuent escouter aussi,
Et ce que nous ferons icy,
Leur est un incogneu mystere.

ODE.

Un fier demon qui me menasse,

De son triste & funeste accent,
Contre mon amour innocent,
Gronde la hayne & la disgrace.

On m'a rapporté que tes yeux,
Dans leurs paupieres languissantes,
N'auoient plus ces flammes puissantes,
Qui blessoient les ames des Dieux.

Nature est vrayment bien hardie,
Et le sort bien faux & malin
D'assuiettir le sang diuin,
A l'effort d'vne maladie.

En detestant ses cruautez,
Quelque peu qui m'en diuertisse,
Ie crie contre l'iniustice
Que le Ciel fait à tes beautez.

Depuis ce malheureux message,
Qui m'a priué de tout repos,
La tristesse a mis dans mes os,
Vn tourment d'amour & de rage.

Malade au lict d'où ie ne sors,
Ie songe que ie vois la Parque,
Et que dans vne mesme barque,
Nous passons le fleuue des morts.

Si tu te deuls de mon absence,
C'est vn supplice d'amitié,
Qui merite autant de pitié,
Qu'elle a de peine & d'innocence.

Ie mourray si tu meurs pour moy,
Autrement ie serois bien traistre,
P

Puis que le sort ne m'a faict naistre,
Que pour mourir auecques toy.

SVR VNE TEMPEST QVI S'ESLEVA COMME il estoit prest de s'embarquer pour aller en Angleterre.

ODE.

PArmy ces promenoirs sauuages,
I'oy bruire les vents & les flots,
Attendant que les mattelots,
M'emportent hors de ces riuages,
Icy les rochers blanchissans,
Du choc des vagues gemissans,
Herissent leurs masses cornuës,
Contre la cholere des airs,
Et presentent leurs testes nues,
A la menace des esclairs.
I'oy sans peur l'orage qui gronde,
Et fust ce l'heure de ma mort,
Ie suis prest à quitter le port,
En dépit du Ciel & de l'onde,
Ie meurs d'ennuy dans ce loisir:
Car vn impatient desir,
De reuoir les pompes du Louure,
Trauaille tant mon souuenir,

Que ie bruſle d'aller à Douure,
Tant i'ay haſte d'en reuenir.

  Dieu de l'onde, vn peu de ſilence;
Vn Dieu faict mal de s'eſmouuoir,
Fais moy paroiſtre ton pouuoir,
A corriger ta violence,
Mais à quoy ſert de te parler,
Eſclaue du vent & de l'air,
Monſtre confus qui de nature,
Vuide de rage & de pitié,
Ne monſtres que par aduanture,
Ta hayne, ny ton amitié?

  Nochers qui par vn long vſage,
Voyez les vagues ſans effroy,
Et qui cognoiſſez mieux que moy,
Leur bon & leur mauuais viſage :
Dictes moy, ce Ciel foudroyant,
Ce flot de tempeſte aboyant,
Les flancs de ces montagnes groſſes,
Sont-ils mortels à nos vaiſſeaux;
Et ſans applanir tant de boſſes,
Pourray-ie bien courir les eaux.

  Allons Pilote où la fortune,
Pouſſe mon genereux deſſein,
Ie porte vn Dieu dedans le ſein,
Mille fois plus grand que Neptunes:
Amour me force de partir,
Et deut Thetis pour m'engloutir,
Ouurir mieux ſes moites entraille,

P ij

Cloris m'a sçeu trop enflammer,
Pour craindre que mes funerailles
Se puissent faire dans la mer.

   O mon Ange, ô ma destinee
Qu'ay-ie fait à cet element,
Qu'il tienne si cruellement,
Contre moy sa rage obstinee?
Ma Cloris ouure icy tes yeux,
Tire vn de tes regars aux Cieux,
Ils dissiperont leurs nuages,
Et pour l'amour de ta beauté,
Neptune n'aura plus de rage,
Que pour punir sa cruauté.

   Desia ces montaignes s'abaissent,
Tous leurs sentiers sont aplanis,
Et sur ces flots si bien vnis,
Ie voy des alcions qui naissent,
Cloris que ton pouuoir est grand,
La fureur de l'onde se rend,
A la faueur que tu m'as faicte,
Que ie vay passer doucement,
Et que la peur de la tempeste,
Me donne peu de pensement.

   L'ancre est leuée, & le Zephire,
Auec vn mouuement leger,
Enfle la voile, & fait nager,
Le lourd fardeau de la Nauire,
Mais quoy le temps n'est plus si beau,
La tourmente reuient dans l'eau,

Dieux que la mer est infidelle,
Chere Cloris si ton amour,
N'auoit plus de constance qu'elle,
Ie mourrois auant mon retour.

A CLORIS.
ODE.

AVssi frâc d'amour que d'enuie,
Ie viuois loing de vos beautez,
Dans les plus douces libertez,
Que la raison donne à la vie:
Mais les regards imperieux,
Qu'Amour tire de vos beaux yeux,
M'ont bien faict changer de nature,
Ha! que les violents desirs,
Que me donna ceste aduanture,
Furent traistres à mes plaisirs.

Le doux esclat de ce visage,
Qui paroissoit sans cruauté,
Et des ruses d'vne beauté,
Me sembloit ignorer l'vsage;
Me surprit d'vn si doux malheur,
Et m'affligea d'vne douleur,
Si plaisante à ma frenaisie,
Que deslors i'aymay ma prison,
Et deliuray ma fantasie,
De l'empire de ma raison.

Contre ce coup ineuitable,

Qui me mit l'amour dans le sein,
Ie ne sçay prendre aucun dessein,
Ny facile, ny profitable,
Embrasé d'vn feu qui me suit
Par tout où le Soleil me luit,
Ie passe les monts Pyrenées,
Où les Neiges que l'œil du iour,
Et les foudres ont espargnées,
Fondent au feu de mon amour.

  Sur ces riuages ou Neptune,
Fait tant d'escume & tant de bruit,
Et souuent d'vn vaisseau destruit,
Faict sacrifice à la fortune,
I'inuoque les ondes & l'air,
Mais au lieu de me consoler,
Les flots grondent à mon martyre,
Mes souspirs vont auec le vent,
Et mon pauure esprit se retire,
Aussi triste qu'auparauant.

  Mes langueurs, mes douces furies,
Quel sort, quel Dieu, quel element,
Nous ostera l'aueuglement,
De vos charmantes resueries;
La froide horreur de ces forests,
L'humidité de ces marests,
Ceste effroyable solitude,
Dont le Soleil auec des pleurs,
Prouoque en vain l'ingratitude,
Que font elle à mes douleurs.

Grands deserts, sablons infertiles,
Où rien que moy n'ose venir,
Combien me deuez-vous tenir,
Dans ces campagnes inutiles,
Chauds regards, amoureux baisers,
Que vous estes dans ces desers,
Bien sensibles à ma memoire!
Philis, que ce bon-heur m'est doux,
Et que ie trouue de la gloire,
A me ressouuenir de vous.

   Enfin ie croy que la tempeste
Me permettra d'ouurir les yeux,
Et que l'inimitié des Cieux,
Me laissera leuer la teste,
Apres tous ces maux acheuez,
Les faueurs que vous reseruez,
A ma longue perseuerance,
Reprocheront à mon ennuy,
D'auoir creu que mon esperance,
Me quitteroit plustost que luy.

   Au retour de ce long voyage,
La terre en faueur de Philis,
D'œillets, de roses, & de lys,
Semera par tout mon passage :
Ces grands pins deuenus plus beaux,
Ioignans du faiste les flambeaux
Dont la voute du Ciel separe,
Iront aux astres s'enquerir,
Si quelque autre bien s'accompare,

A celuy que ie vay querir.
  Ce iour sera filé de soye,
Le Soleil par tout où i'iray,
Laissera, quand ie passeray,
Des ombrages dessus ma voye,
Les Dieux à mon sort complaisans,
Me combleront de leurs presens,
I'auray tout mon soul d'ambrosie,
Les Deesses me viendront voir,
Au moins si vostre courtoisie,
Leur veut permettre ce deuoir.
  Ceste triste nuict acheuée,
Mon ame quittera le dueil,
Si les tenebres du cercueil,
Ne preuiennent mon arriuée.
A l'aise du premier abord,
Lors que tous nos destins d'accord,
Permettront que ie vous reuoye,
Si ie n'ay pour me secourir,
Des remedes contre ma ioye,
Ie dois bien craindre de mourir.
  Ie sçay qu'à la faueur premiere
Que vos regards me ietteront,
Mes esprits rauis quitteront,
Le doux obiect de la lumiere,
C'est tout vn, i'ayme bien mon sort:
Car les cruautez de la mort,
N'ont point de si cruel geine,
Que des Roys ne voulussent bien,

Se trouuer en la mesme peine,
Pour vn mesme honneur que le mien.

 Cloris ma franchise est perduë,
Mais quand pour guerir mon ennuy,
Quelque Dieu me l'auroit renduë,
Mon ame se plaindroit de luy,
Toute la force & l'industrie,
Que i'opposois à la furie,
De mes trauaux trop rigoureux,
A fait des efforts inutiles :
Car mes sentimens indociles,
En deuiennent plus amoureux.

 Ce qui peut finir ma souffrance,
Et recommencer mon plaisir,
S'esloigne de mon esperance,
Aussi bien que de mon desir,
Les destins, & le Ciel luy-mesme,
Qui recognoissent comme i'ayme,
Au seul obiect de mes douleurs,
Ne me presentent point leur ayde,
Car ils sçauent que tout remede,
Est plus foible que mes langueurs,
Ie cognois bien que l'œil d'vn Ange,
Que le Ciel ne gouuerne pas,
Et qui tient a peu de loüange,
Qu'Amour brusle de ses appas,
S'il veut vn iour à ma priere,
Ietter l'esclat de sa lumiere,
A l'aduantage de mes vœux,

Faire naiſtre au ſort qui m'irrite,
Plus de bien que ie ne merite,
Et plus d'honneur que ie ne veux.
   Tandis que ma flâme, ou ma rage,
Attendoit apres ſa beauté,
Vn faux & criminel ombrage,
Embarraſſe ſa volonté,
Ce feint honneur, ceſte fumée,
Vient eſtonner ſa renommée,
De l'impudence des mortels,
Cloris perdez ceſte foibleſſe,
Si vous ne viuez en Deeſſe,
Dequoy vous ſeruent mes Autels.
   Le plus audacieux courage,
Deuant vous ne fait que trembler,
Qui voit voſtre diuin viſage,
N'eſt plus capable de parler,
Vos yeux gouuernent les penſees,
Des ames les plus inſenſees,
Et les bornent de toutes parts :
Et la plus aigre meſdiſance,
N'eſt qu'honeur, et que cõplaiſance,
Aux attraits de vos doux regards,
   Moy qui ſuis deuenu perfide,
Contre les Dieux que i'adorois,
Et dont l'ame n'a plus de guide,
Sinon l'empire de vos loix,
Ie vous croy parfaicte & diuine,
Et mon iugement s'imagine,

Que les faits les plus odieux,
Lors que vous leur donnez licence,
Sont plus iustes que l'innocence,
Et que la saincteté Dieux.

　Mais quand des ames indiscrettes,
S'amuseroient à discourir,
De nos flammes les plus secrettes,
Elles ne doiuent pas mourir,
O Dieux qui fistes les abysmes,
Pour la punition des crimes,
Ie renonce à vostre pitié,
Et vous appelle à mon supplice,
Si iamais mon ame est complice,
De la fin de nostre amitié.

　Chere Cloris ie vous coniure,
Par les nœuds dõt vous m'arrestez,
Ne vous troublez point de l'iniure,
Des faux bruits que vous redoutez,
Comme vous i'en ay des atteintes,
Et mille violentes craintes,
Me persecutent nuict & iour,
Ie croy que les Dieux & les hõmes,
Dedans le climat où nous sommes,
Ne parlent que de nostre amour.

　Ie suis plus craintif que voꝰ n'estes,
Et crains que les destins ialoux,
Ne donnent vn langage aux bestes,
Pour leurs faire parler de nous,
Vne ombre, vn rocher, vn zephire,

Parlent tout haut de mon martyre,
Et quand les foudres murmurans,
Menacent le peché du monde,
Ie croy que le tonnerre gronde,
Du seruice que ie vous rends.

Mais quoy que le Ciel & la terre,
Troublassent nos contentements,
Et nous fissent souffrir la guerre,
Des Astres & des élements;
Il faut rire de leurs malices,
Et dans vn fleuue de delices,
Noyer les soins iniurieux;
Qui priuent nos ieunes années,
Des douceurs que les destinées,
Ne permettent iamais aux vieux.

ODE.

Heureux tandis qu'il est viuãt,
Celuy qui va tousiours suiuãt,
Le grand maistre de la nature,
Dont il se croit la creature,
Il n'enuia iamais autruy,
Quand tous les plus heureux que luy,
Se mocqueroit de sa misere,
Le rire & toute la colere,
Celuy-là ne s'esueille point,
Aussi tost que l'Aurore point,

Pour venir des Soucys du monde,
Importuner la terre & l'onde,
Il est tousiours plein de loisir,
La iustice est tout son plaisir,
Et permettant en son enuie,
Les douceurs d'vne saincte vie,
Il borne son contentement,
Par la raison tant seulement :
L'espoir du gain ne l'importune,
En son esprit est sa fortune,
L'esclat des cabinets dorez,
Où les Princes sont adorez,
Luy plaist moins que la face nuë,
De la campagne ou de la nüe,
La sottise d'vn courtisan,
La fatigue d'vn artisan,
La peine qu'vn amant souspire,
Luy donne esgallement à rire,
Il n'a iamais trop affecté,
Ny les biens, ny la pauureté,
Il n'est ny seruiteur, ny maistre,
Il n'est rien que ce qu'il veut estre,
Iesus-Christ est sa seule Foy,
Tels seront mes amis & moy,

A PHILIS.
STANCES.

HA ! Philis que le Ciel me faict mauuais visage,
Tout me fasche & me nuit,
Et reserué l'amour & le courage,
Rien de bon ne me suit.

 Les Astres les plus doux ont coniuré ma perte,
Ie ne sçay plus nul soustien,
La Cour me semble vne maison deserte,
Où ie ne trouue rien.

 Les hommes & les Dieux menassent ma fortune,
Mais en leur cruauté,
Pour mon soulas tout ce que i'importune,
Ce n'est que ta beauté.

 Les trais de tes beautez sont d'assez fortes armes,
Pour vaincre mon malheur,
Et dans la gesne assisté de tes charmes,
Ie mourray sans douleur.

 Dedans l'extremité de la peine où nous sommes,
Souspirant nuict & iour,
Ie feints que c'est la disgrace des hommes,
Mais c'est celle d'amour.

 Parmy tant de dangers c'est auec peu de crainte
Que ie prens garde à moy,

En tous mes maux le subiet de ma plainte,
C'est d'estre absent de toy.
   Pour m'oster aux plus forts qui me voudroient poursuiure,
Ie trouue assez de lieux :
Mais quel climat m'asseurera de viure,
Si ie quitte tes yeux.
   Le Soleil meurt pour moy, vne nuict m'enuironne,
Ie pense que tout dort,
Ie ne voy rien, ie ne parle à personne ?
N'est-ce pas estre mort?

STANCES.

Qvand i'auray ce contentement,
De te voir sans empeschement,
Obiect vnique de ma ioye,
Cher maistre de ma volonté,
A quoy voudras tu que i'employe
Les heures de ma liberté.
   Ie ne veux point seruir de nombre,
Suyuant apres toy comme vne ombre:
Dés qu'vn maistre que i'aymois bien
M'eut traitté dans ceste coustume,
Les douceurs de son entretien
Me tournerent en amertume.
   Il est vray qu'vn sort malheureux,

Par vn astre bien tenebreux,
Conduisoit le train de ma vie,
Quand les Dieux touchez de pitié,
Malgré les hommes & l'enuie
Me donnerent ton amitié.

Depuis vn insensible orgueil
De voir mes malheurs au cercueil,
M'a donné tant d'ingratitude,
Que ie ne puis sans deplaisir,
Permettre que la seruitude
Prenne vne heure de mon loisir.

STANCES.

Que mon espoir est foible, & ma raison
 confuse,
 C'est bien hors de propos
Bruslant comme ie fais, que mon esprit s'amuse
 A chercher du repos.
Les remedes plus doux qui touchent à ma playe
 Irritent ma douleur?
Et ie suis en fureur, quand mon discours s'essaye
 De ruyner mon malheur.
Car vn si cher ennuy combat ma violence,
 Ie meurs si doucement,
Que pour me secourir ie ferois conscience
 De parler seulement.
Phillis dans les tourmens que ta rigueur me donne
         Quoy

Quoy que ie meure à tort,
Ie me diray coupable, afin qu'on te pardonne,
L'iniure de ma mort :
Amour a refolu que ie fois ta victime,
Mais que ta cruauté
A fon occafion ne faffe point de crime,
Qu'auecques ta beauté,
Non mon fort eft meilleur, Phillis veut que ie viue
Et fans compaffion,
Ne fçauroit endurer qu'vn déplaifir arriue
A mon affection.
On voit fur fon vifage animé de fa flame
Qu'elle a de la pitié,
Et ma fureur me trouble, ou ie vois que fon ame
Entend mon amitié.
Ie fçais bien que l'honneur, & les loix de la vie
Combattent fon defir,
Et que fa chafteté refifte à mon enuie
Auecques déplaifir,
Son cœur dans cet effort fauuant fon innocence
Languit pour mon fubiect,
Et donne fes foufpirs fans doute à mon abfence,
Pluftoft qu'à fon obiect.
vn rival me trauerfe, elle qui s'en afflige
Se defferoit de luy,
Mais la condition de ce fafcheux, l'oblige
De fouffrir auec luy.
Cet amant importun, dont elle eft offencée,
Pefe à fon entretien,

Et recognoist assez, qu'elle a dans la pensee,
Autre feu que le sien.

STANCES.

Mon esperance refleurit,
Mon mauuais destin pert courage,
Auiourd'huy le Soleil me rit,
Et le Ciel me fait bon visage.

Mes maux ont acheué leur temps,
Maintenant ma douleur se range,
A la fin mes vœux sont contens,
Amour a ramené mon Ange.

Dieux que i'ay si souuent priez,
Sans me vouloir iamais entendre,
Ie vous ay bien iniuriez,
D'estre si longs à me la rendre.

I'excuse vostre cruauté,
Ie perds le soing de vous desplaire,
Le retour de ceste beauté
A fini toute ma cholere.

A MADAMOISELLE DE ROHAN SVR LA MORT DE MADAME la Duchesse de Neuers.

IE vous donne ces vers pour nourrir vos douleurs:

Puisque ceste Princesse est digne de vos
 pleurs.
Et ne veux point reprendre vn dueil si legiti-
 me.
Pour elle vos regrets prennent vn iuste cours,
Et de les arrester, ie croyrois faire vn crime,
Aussi bien que la mort en arrestant ses iours.

Ie sçay bien que vostre ame assez robuste &
 saine,
Auecques son discours à combatu sa peine,
Et qu'elle à vainement cherché sa guerison,
Y tascher apres vous on ne le peut sans blasme,
Car ie ne pense pas qu'on trouue en la raison,
Ce que vous ne pouuez trouuer dedans vostre ame.

Les plus cuisans malheurs trouuent allegement,
Apres que le deuoir à rendu sagement,
Tout ce que l'amitié demande à la nature:
Mais lors que mon esprit songe à vous consoler,
Contre les sentimens d'vne perte si dure,
Plus ie suis preparé, moins i'ay dequoy parler.

Tandis que la memoire à vos sens renouuelle,
L'esclat de la vertu qui reluysoit en elle,
Vous nourrissez en vain quelque espoir de guerir,
Et quand le souuenir d'vne amitié si ferme,
Pour guerir vostre ennuy se laissera mourir,
Croyez que vostre vie est proche de son terme.

Aussi ceste Princesse estant loing de vos
 yeux,
tiour de tous vos maux est le plus odieux,

Q ij

La mort de vos langueurs est la moins inhumai-
ne,
Quel part de la terre ou vous faciez seiour,
Il ne vous reste plus que des obiects de haine,
Apres auoir perdu l'obiect de vostre Amour.

De moy, si la rigueur d'vn accident semblable
M'auoit osté le fruict d'vn bien si desirable,
Ie croirois que pour moy tout n'auroit que du mal
Mes pieds ne s'oseroient asseurer sur la terre,
Le iour m'offenceroit, l'air me seroit fatal,
Et la plus douce paix me seroit vne guerre.

Aigrissez vous tousiours d'vn chagrin plus re-
cent,
Que vostre ame en flattant l'ennuy qu'elle ressen
Pour si chere compagne incessamment souspire,
Iamais son entretien ne vous sera rendu,
Et le Ciel reparant vos pertes d'vn Empire,
Vous donneroit bien moins que vous n'auez per-
du.

A ELLE MESME.

PVis qu'en cet accident le sort nous o-
blige,
Ie croy que tout le monde auecques vous s'af-
ge.
Et ce commun malheur qui troublent l'Vniuers,
Reprocheroit vn crime aux loix de la nature,
Sinon que ceste mort à faict naistre nos vers,

Dont l'aymable douceur efface son iniure,
A voir vos sentimens escrits si doucement,
A voir vostre douleur peinte si viuement,
Ie croy qu'en vain la mort de ce butin se vante,
Car comme la raison m'apprend à discourir,
Celle que vous plaignez est encore viuante,
Puis qu'elle est dans vos vers qui ne sçauroient mourir.

Vous meslez dans ce dueil tant d'agreables charmes,
Que c'est estre insensé que luy donner des larmes
Ie la croy bien heureuse en si rare tombeau,
Et regarde sa gloire auecque tant d'enuie,
Que si l'on m'eust deu faire vn monument si beau
Ie mourrois de regret de ne l'auoir suyuie.

I'ay creu que la tristesse estoit pleine de maux,
Et perdois en l'erreur d'vn iugement si faux
La douce resuerie où l'ennuy nous amuse,
Mais vous faictes le dueil auecques tant d'appas
Que i'ayme la rigueur, combien que ie l'accuse,
Et trouue du plaisir à craindre le trespas.

POVR MADAMOYSELLE D. M.

STANCES.

IE suis bien ieune encor, & la beauté que i'ayme
    Est ieune comme moy.
I'ay souuent desiré de luy parler moy mesme
    Pour luy donner ma foy.

Q iiij

J'obey sans contrainte à l'Amour qu'il me donne,
    Quelque desir qu'il ayt.
Et sans luy resister mon ame s'abandonne,
    A tout ce qui luy plaist.
Si pour luy tesmoigner combien ie suis fidelle,
    Il me falloit mourir,
Quoy qu'on eust faict la mort mille fois plus cruelle
    L'on m'y verroit courir.
Ie iure mon destin, & le iour qui m'esclaire,
    Qu'il est tout mon soucy,
Et ce Soleil si beau ne faict que me déplaire,
    Quand il n'est pas icy.
Lors que l'Aube ensuiuant la nuit qu'elle a chassée
    Espart ses tresses d'or,
Le premier mouuement qui vient à ma pensée
    C'est l'Amour d'Alidor,
Ie tasche en m'esueillant a r'apppeller les songes,
    Que i'ay faict en dormant.
Et dans le souuenir de leurs plaisans mensonges
    Ie reuoy mon amant.
Mon esprit amoureux n'est point sans violence
    Au milieu du repos,
Ie le voy dans la nuict, & parmy le silence
    I'entens ses doux propos.
Tous les secrets d'Amour que le sommeil expri-
    me,
    Mon ame les ressen-
Et le matin ie pense auoir commis vn crime
    Dans mon lict innocent.

De honte à mon resueil ie suis toute confuse,
 Et d'vn œil tout fasché,
Ie voy dans mon miroir la rougeur qui m'accuse
 D'auoir faict vn peché.
Ie me veux repentir de ceste double offense,
 Mais ie ne sçay comment:
Car mon esprit troublé me fait vne deffense,
 Que luy mesme desment.
Dans mon lict desolé toute moitte de larmes
 Ie prie tous les Dieux,
De mal traitter Morphee, à cause que ses charmes
 Ont abusé mes yeux.
Helas? il est bien vray que ie suis amoureuse,
 Et qu'en mon sainct Amour,
Ie me puis reputer l'Amante plus heureuse,
 Qui soit en ceste Cour.
I'adore vne beauté si viue, & si modeste,
 Qu'elle peut tout rauir,
Et qui ne prend plaisir d'estre toute celeste,
 Qu'afin de me seruir.
Il a dedans ses yeux des pointes & des charmes,
 Qu'vn tigre gousteroit,
Et si Mars luy voyoit mettre la main aux armes
 Il le redouteroit.
Il va dans les combats, plus fier qu'à la rapine,
 Ne marche le Lion.
Et plus braue qu'Achille ardant à la ruine,
 Des pompes d'Ilion,
C'est le meilleur esprit, & le plus beau visage,

Qu'on ayt encores veu,
Et les meilleurs esprits n'ont point eu d'aduantage,
Que mon amant n'ayt eu.
La gloire entre les cœurs qui la főt mieux paroistre,
Fait estime du sien,
Et les mieux accomplis ne le sçauroient cognoistre
Sans en dire du bien,
Hors de luy, la vertu dans l'ame la plus belle,
Est comme en vn tombeau,
Et ses plus grands esclats sont moins qu'vne estin-
Au prix de ce flambeau, (celle,
Ie pense en l'adorant que mon idolatrie,
A beaucoup merité,
Et i'aymerois bien mieux mettre à feu ma patrie,
Que l'auoir irrité.
Dieux que le beau Paris eut vne belle proye!
Que c'est amant fit bien,
Alors qu'il alluma l'embrasement de Troye,
Pour amortir le sien.
O mon cher Alidor, ie suis bien moins qu'Heleine,
Digne de t'esmouuoir:
Mais tu sçais biẽ aussi qu'auecques moins de peine,
Tu me pourrois auoir.
Il la fallut prier, mais c'est moy qui te prie;
Et la comparaison
De ses affections auec ma furie,
Est loing de la raison.
L'impression d'honneur, & celle de la honte,
Sont hors de mon esprit,

La chasteté m'offence, & paroist un vieux conte,
    Que ma mere m'apprit,
Iamais fille n'ayma d'une amitié si forte,
    Tous mes plus chers parens,
Depuis que i'ay conçeu l'Amour que ie te porte
    Me sont indifferens,
Ils auroient beau se plaindre & m'appeller barbare,
    On me doit pardonner:
Car vers eux ie ne suis de mon amour auare,
    Que pour te la donner.
Reçois ma passion, pourueu que ton merite,
    N'en soit pas offencé,
Et vois que mon esprit ne te l'auroit escrite,
    S'il n'estoit insensé.

STANCES.

Maintenant que Phillis est morte,
Et que l'amitié la plus forte,
Dont un cœur fut iamais atteint,
Est dans le sepulchre auec elle,
Ie croy que l'Amour le plus saint
N'a plus pour moy rien de fidele.

Cloris, c'est mentir trop souuent,
Tes propos ne sont que du vent,
Tes regars sont tous pleins de ruzes,
Tu n'as point pour tout d'amitié,
Ie me mocque de tes excuses,

Et t'ayme moins de la moitié.

Ie te voy tousiours en côtrainte,
Il te viët tousiours quelque crainte,
Tu ne trouue iamais loisir,
D'y plustost que ie t'importune,
Et que ie te ferois plaisir
De chercher ailleurs la fortune.

Ne fais plus semblant de m'aymer,
Et quoy qu'il me soit bien amer,
De perdre vne si douce flame,
Si tu n'as point d'amour pour moy,
Ie iure tes yeux & mon ame,
De ne songer iamais à toy.

Ie t'allois consacrer ma plume,
Et te peindre dans vn volume,
Sur qui les ans ne peuuent rien,
Sçache vn peu de la renommée,
Comment i'ay sçeu dire du bien,
D'vne autre que i'auois aymée.

Mais cela ne touche pas,
Les vers sont de mauuais appas,
Vn roc n'en deuient point passible,
Ce sont de foibles hameçons,
Pour ton naturel insensible,
Que luy promettre des chançons.

Que veux tu plus que ie te donne,
Auiourd'huy que Dieu m'abãdõne,
Que le Roy ne me veut pas veoir,
Que le iour me luit en cholere,

Que tout mon bien est mon sçauoir,
Dequoy plus te pourrois-ie plaire.
 Si mon mauuais sort peut changer,
Ie iure de te partager,
Les prosperités ou i'aspire,
Et quand le Ciel me feroit Roy,
Vn present de tout mon Empire,
Te feroit preuue de ma foy.
 Mais tu n'as point l'esprit auare,
Et quelque dignité si rare,
Qu'vn Dieu mesme te vint offrir,
Quelque tourmet qu'il eust dās l'ame,
Tu le laisserois bien souffrir,
Auant que soulager sa flame.
 Quant à moy las de tant brusler,
Et si pressé de reculer,
I'ay desesperé de la place,
La nature icy vaut bien peu,
Qu'vn front de neige, vn cœur de glace,
Puissent tenir contre le feu.

A CLORIS.

STANCES.

S'Il est vray Cloris que tu m'aymes,
Mais i'entens que tu m'aymes bien,

Ie ne croy point que les Roys mesmes,
Ayent vn heur comme le mien,
Que la mort seroit importune,
De venir changer ma fortune
A la felicité des Dieux ;
Tout ce qu'on dit de l'ambrosie,
Ne touche point ma fantasie,
Au pris des graces de tes yeux.

 Sur mon ame il m'est impossible
De passer vn iour sans te voir,
Qu'auec vn tourment plus sensible
Qu'vn damné n'en sçauroit auoir,
Le sort qui menaça ma vie,
Quand les cruautez de l'enuye
Me firent esloigner du Roy,
M'exposant à tes yeux en proye,
Me donna beaucoup plus de ioye
Qu'il ne m'auoit donné d'effroy.

 Que ie me pleus dans ma misere,
Que i'aymay mon bannissement,
Mes ennemys ne valent guere,
De me traicter si doucement,
Cloris, prions que leur malice
Fasse bien durer mon supplice,
Ie ne veux point partir d'icy,
Quoy que mon innocence endure,
Pourueu que ton amour me dure,
Que mon exil me dure aussi.

 Ie iure l'Amour & sa flame,

Que les doux regards de Cloris,
Me font desia trembler dans l'ame,
Quand on me parle de Paris,
Insensé ie commence à craindre,
Que mon Prince me va cõtraindre,
A souffrir que ie sois remis,
Vous qui le mistes en cholere,
Si vous l'empeschez de le faire,
Vous n'estes plus mes ennemis.

Toy qui si viuement pourchasses,
Les remedes de mon retour,
Prens bien garde quoy que tu fasses,
De ne point fascher mon amour,
Areste vn peu, rien ne me presse,
Ton soin vaut moins que ta paresse,
Me bien seruir c'est m'affliger :
Ie ne crains que ta diligence,
Et prepare de la vengeance,
A qui tasche de m'obliger.

Il te semble que c'est vn songe,
D'entendre que ie m'ayme icy,
Et que le chagrin qui me ronge,
Vienne d'vn amoureux soucy,
Tu penses que ie ne respire,
Que de sçauoir où va l'Empire,
Que deuient ce peuple mutin,
Et quand Rome se doit resoudre,
A faire partir vne foudre,
Qui consomme le Palatin.

Toutes ces guerres insensées,
Ie les trouue fort à propos,
Ce ne sont point là les pensées,
Qui s'opposent à mon repos,
Quelques maux qu'apportēt les armes,
Vn amant verse peu de larmes,
Pour flechir le courroux diuin,
Pourueu que Cloris m'accompagne,
Il me chaut peu que l'Allemagne,
Se noye de sang ou de vin,
Et combien qu'vn appas funeste
Me traine aux pompes de la Cour,
Et que tu sçais bien qu'il me reste
Vn soin d'y retourner vn iour:
Quoy que la fortune appaisée,
Se rendist à mes vœux aisée.
Auiourd'huy ie ne pense pas;
Soit il le Roy qui me r'appelle,
Que ie puisse m'esloigner d'elle,
Sans trouuer la mort sur mes pas.

 Mon esprit est forcé de suiure
L'aymant de son diuin pouuoir,
Et tout ce que i'appelle viure,
C'est de luy parler & la voir,
Quand Cloris me faict bon visage,
Les tempestes sont sans nuage;
L'air le plus orageux & beau,
Ie ris quand le tonnerre gronde,
Et ne croy point que tout le monde,

soit capable de mon tombeau.

 La felicité la plus rare,
Qui flatte mon affection,
C'est que Cloris n'est point avare
De caresse & de passion,
Le bon heur nous tourne en coustume,
Nos plaisirs sont sans amertume,
Nous n'auons ny courroux ny fard,
Nos trames sont toute de soye;
Et la Parque apres tant de ioye,
Ne les peut acheuer que tard.

DESESPOIRS AMOVREVX.

STANCES.

Esloigné de vos yeux ou i'ay laissé mon ame,
Ien'ay de sentiment que celuy du malheur.
Et sans un peu d'espoir qui luit parmy ma flame,
Mon trespas eust esté ma derniere douleur.

Pleust au Ciel qu'auiourd'huy la terre eust quitté l'onde,
Que les raiz du Soleil fussent absent des Cieux,
Que tous les élemens eussent quitté le monde,
Et que ie n'eusse pas abandonné vos yeux.

 Vn arbre que le vent emporte à ses racines,

Vne ville qui voit desmolir son rempart,
Le faiste d'vne tour qui tombe en ses ruines,
N'ont rien de comparable à ce sanglant despart.

Depuis vostre demon ne sert plus que de nombre
Mes sens de ma douleur s'en vont desia rauis;
Ie ne suis plus viuant; & passerois pour ombre
Sinon que mes souspirs descouurent que ie vis.

Mon ame est dans les fers, mon sang est dans la
flame,
Iamais malheur ne fut à mon malheur esgal;
I'ay des vautours au sein, i'ay des serpens dans l'a-
me,
Et vos traicts qui me font encore plus de mal.

Errant depuis deux mois de Prouince en Pro-
uince,
Ie traine auecques moy la Fortune & l'Amour,
L'vn oblige mes pas à courtiser mon Prince,
L'autre oblige mes sens à vous faire la cour.

Des plus rares beautez en ce fascheux voyage
Où iadis pour aymer les Dieux fussent allez,
M'ont assez prodigué les traits de leur visage:
Mais ce n'estoit qu'horreur à mes yeux desolez.

Par tout où loing de toy la fortune me traine,
Ie iure par tes yeux que tout mon entretien,
N'est que d'entretenir ma vagabonde peine,
Et qu'il me souuient moins de mon nom que du
tien.

En ma condition d'où mille soins ne partent,
L'entendement me laisse, & tout conseil me fuit:

Tous

Tous autres pensemens de mon ame s'escartent,
Au souuenir du tien qui sans cesse me suit.
  Que ta fidelité se forme à mon exemple,
Fuy côme moy la presse, hay comme moy la Cour:
Ne frequente iamais bal, promenoir, ny temple,
Et que nos deitez ne soyent rien que l'Amour.
  Tout seul dedans ma chambre ou i'ay faict ton
    Eglise,
Ton image est mon Dieu, mes passions ma foy:
Si pour me diuertir Amour veut que ie lise,
Ce sont vers que luy mesme à composé pour moy.
  Dans le trouble importun des soucis de la guerre
Chacun me voit chagrin : car il semble à me voir,
Que ie faicts des proiects pour conquerir la terre,
Et mes plus hauts desseins ne sont que de t'auoir.

STANCES.

J'Ay trop d'honneur d'estre amoureux;
Et voy bien que les plus heureux,
Ont droict de me porter enuie:
Mais quoy que menasses le sort,
Ie puis bien deffier la mort,
Puis que vous possedez ma vie,
  Les plus deuotieux mortels,
Rendant leur seruice aux Autels,
Qu'on dresse aux deitez supremes,
Ne font brusler que de l'encens;

Et pour vous adorer ie sens,
Que ie me suis bruslé moy-mesme.

 Les Roys ont de diuers honneurs,
Leurs esclaues sont des Seigneurs;
Les élemens sont leur partage,
Toute la terre est leur maison,
Moy ie n'ay rien qu'vne prison,
Mais ie l'estime dauantage.

STANCES.

Qvãd tu me voit baiser tes bras,
 Que tu poses nuds sur tes draps,
Bien plus blancs que le linge mesme:
Quand tu sens ma bruslante main,
Se pourmener dessus ton sein,
Tu sens bien Cloris que ie t'ayme.

 Comme vn deuot deuers les cieux,
Mes yeux tournez deuers tes yeux
A genoux aupres de ta couche,
Pressé de mille ardans desirs,
Ie laisse sans ouurir ma bouche,
Auec toy dormir mes plaisirs.

 Le sommeil aise de t'auoir
Empesche tes yeux de me voir,
Et te retient dans son empire
Auec si peu de liberté,
Que son esprit tout arresté

Ne murmure ny ne respire.

La rose en rendant son odeur,
Le Soleil donnant son ardeur,
Diane & le char qui la traine,
Vne Naiade dedans l'eau,
Et les Graces dans vn tableau,
Font plus de bruict que ton haleine.

Là ie souspire aupres de toy,
Et considerant comme quoy,
Ton œil si doucement repose,
Ie m'escrie : ô Ciel ! peux tu bien
Tirer d'vne si belle chose;
Vn si cruel mal que le mien.

STANCES.

Ie iure le iour qui me luit,
Et la froide horreur de la nuict
Où la tristesse me conuie,
Que le temps de mon amitié
Doit plus durer de la moitié,
Que ne faict celuy de ma vie.

Apres que mon supreme iour,
M'aura porté dans le seiour
Des ames mieux fauorizées,
Mon ame versera des pleurs,
Qui feront naistre mille fleurs
Dans les campagnes Elizées.

Ce doux & ce poignant soucy,
Le mesme qui me touche icy,
Reuiura dans mon ame morte,
Et les esprits qui me verront,
Approchant mon feu iureront,
Qu'ils n'en ont point veu de la sorte.

Apres moy d'vn amour flatteur
Quelque infidelle seruiteur
Surprendra tes desirs nouices,
Et tu n'as point assez de foy,
Pour permettre que mes seruices
Te fassent souuenir de moy.

Ie te coniure par tes yeux,
Que i'ayme, & que i'honore mieux,
Ny que le Ciel, ny que la terre;
Tost ou tard de t'en repentir,
Car le Ciel te feroit sentir,
Quelque pointe de son tonnerre.

STANCES.

La frayeur de la mort esbranle le plus ferme
    Il est bien malaisé,
Que dans le desespoir, & proche de son terme
    L'esprit soit appaisé,
L'ame la plus robuste, & la mieux preparee
    Aux accidens du sort,
Voyant aupres de soy sa fin toute asseurée,

Elle s'estonne fort.
Le criminel pressé de la mortelle crainte
    D'vn supplice douteux,
Encore auec espoir endure la contrainte,
    De ses liens honteux,
Mais quand l'arrest sanglant a resolu sa peine,
    Et qu'il voit le bourreau,
Dont l'impiteuse main luy destache vne chaine
    Et luy met vn cordeau:
Il n'a goutte de sang qui ne soit lors glacée,
    Son ame est dans les fers;
L'image du gibet luy monte à la pensee,
    Et l'effroy des enfers.
L'imagination de cet obiect funeste
    Luy trouble la raison,
Et sans qu'il ayt du mal, il a pis que la peste,
    Et pis que le poison.
Il iette malgré luy les siens dans sa destresse,
    Et traine en son malheur
Des gens indifferens, qu'il voit parmy la presse
    Parler de sa douleur.
Par tout dedans la Greue il voit fendre la terre,
    La Seine & l'Acheron,
Chaque rayon de iour est vn traict de tonnerre,
    Et chaque homme Charon.
La consolation que le prescheur apporte
    Ne luy faict point de bien:
Car le pauure se croit vne personne morte,
                            R iij

  Et n'escoute plus rien.
Les sens sont retirez, il n'a plus son visage,
  Et dans ce changement,
Ce seroit estre fol, de conseruer l'vsage
  D'vn peu de iugement.
La nature, de peine & d'horreur abbatuë,
  Quitte ce malheureux :
Il meurt de mille morts, & le coup qui le tuë,
  Est le moins rigoureux.

CONSOLATION A M. D. L.

STANCES.

Donne vn peu de relasche au dueil qui t'a
  surpris,
Ne t'oppose iamais aux droits de la nature,
Et pour l'amour d'vn corps ne mets point tes es-
  prits
  Dedans la sepulture.

La mort dans tes regrets à toy se presentant,
Te faict voir qu'elle n'est qu'horreur & que misere,
Pourquoy donc tasches tu qu'elle t'en fasse autant
  Qu'elle a fait à ton Pere ?

Quoy que l'affection te fasse discourir,
Tes beaux iours ne sont point en estat de le suiure,
Comme c'estoit à luy la saison de mourir,
  C'est la tienne de viure.

Il estoit las d'honneur, & de fortune, de iours,

Tes ieunes ans ne font que commencer la vie,
Et si tu vas si tost en acheuer le cours,
    Que deuiendra Liuie?
Remets pour l'amour d'elle encore ses appas
Qui s'en vont effacer dans ton visage sombre;
Et qu'un si long chagrin ne te maltraicte pas
    Pour contenter un ombre.

Il est vray qu'un tel mal est fascheux à guerir,
Et de quelque vigueur que ton esprit puisse estre
Il te faut souspirer, lors que tu vois perir,
    Celuy qui t'a faict naistre.

Encore ses vertus touchoient ton amitié,
Au delà du deuoir où la nature oblige,
Si bien que la raison approuue la pitié,
    Pour l'ennuy qui t'afflige.

Ses conseils sçauoient rendre un Roy victorieux;
Son renom honoroit & la paix & la guerre;
Et ie croy que l'enuie est cause que les Cieux,
    L'ont osté de la terre.

Mais aussi quel climat n'en a du desplaisir?
L'Europe à son suiect se plaint contre les Parques,
Autant que si leurs lacs estoient venus saisir
    Quelqu'un de ses Monarques.

Ie voy comme le Ciel pour soulager ton dueil
Veut que tout l'uniuers à tes souspirs responde,
Et pour t'en exempter, ordonne à son cercueil
    Les pleurs de tout le monde.

Toutesfois tous ces cris sont des soings superflus,

Nos plaintes dans les airs sont vainemēt poussées,
Vn homme enseuely ne considere plus,
    Nos yeux ny nos pensées.

    Sçachant qu'il a rēdu ce qu'on doit aux Autels,
Tu dois estre asseuré de sa beatitude
Ou ton Esprit troublé croit que les Immortels,
    Sont pleins d'ingratitude.

    Tes importans regrets se rendront criminels,
Ton Pere en son repos ne trouuera que peine;
Puis qu'il semble estre admis aux plaisirs eternels
    Pour te mettre à la geine.

Le mal deuient plus grand lors que nous l'irritons:
Reuient dans les plaisirs que la ieunesse apporte
C'est vn grand bien de voir fleurir les reiettons,
    Lors que la souche est morte.

    Vn homme de bon sens se mocque des malheurs
Il plainct esgallement sa seruante & sa fille,
Iob ne versa iamais vne goutte de pleurs
    Pour toute sa famille.

    Apres t'estre affligé pense à te resiouyr
Qui t'a faict la douleur t'a laissé les remedes,
Il ne te reste plus que de sçauoir iouyr,
    Des biens que tu possedes.

    Arreste donc ces pleurs vainement respandus,
Laisse en paix ce destin que tes douleurs detestent
Il faut apres ces biens que nous auons perdus
    Sauuer ceux qui nous restent.

STANCES.

Dans ce temple, où ma passion,
Me mit dedans le cœur les beautez de Madame,
Ie bannissois l'Amour, encore que sa flame,
Destournast ma deuotion.

Au lieu de penser à nos Dieux,
I'adorois vous voyant l'image de Diane,
Et m'estimois heureux de deuenir profane,
En me consacrant à vos yeux.

Ce fut auec de mesmes traits
Que la mere d'Amour perça le cœur d'Anchise:
Suis-ie pas glorieux de donner ma franchise
A la mercy de ses attraits?

A ce premier rauissement
Mon ame triompha de se sentir blessee,
Et l'Autel m'eust despleu d'oster à ma pensee
L'entretien d'vn si doux tourment.

Me deust le Ciel faire perir,
Ie mesure ma peine auec mes annees,
Et l'amour se fait fort d'oster aux destinees
La puissance de me guerir.

Au point que ceste ardeur m'a mis,
Mon superbe bon-heur se mocque de l'enuie,
Et quelque mal qui vienne à menacer ma vie

Ie me ris de mes ennemis.
    Tout ce monde pourſuiuans
Me font perſeuerer auec plus de ioye,
Ce renommé Iaſon n'euſt iamais eu ſa proye,
S'il euſt craint la mer ny les vens.
    Soubs l'auſpice de voſtre loy
Il n'eſt point de grandeur que mon eſprit ne braue,
Et le meſme accident qui me fait eſtre eſclaue,
Il me ſemble qu'il m'a faict Roy.

ELEGIE
A
VNE DAME.

SI vostre doux accueil n'eust conso-
 lé ma peine,
Mon ame languissoit, ie n'auois
 plus de veine,
Ma fureur estoit morte & mes es-
 prits couuerts,
D'vne tristesse sombre auoient quitté les vers.
Ce mestier est penible, & nostre saincte estude,
Ne cognois que mespris, ne sent qu'ingratitude,
Qui de nostre exercice ayme le doux soucy,
Il hayt sa renommée & sa fortune aussi,
Le sçauoir est honteux, depuis que l'ignorance,
A versé son venin dans le sein de la France.
Auiourd'huy l'iniustice a vaincu la raison,
Les bonnes qualitez ne sont plus de saison,
La vertu n'eust iamais vn siecle plus barbare,

Et iamais le bon sens ne se trouua si rare,
Celuy qui dans les cœurs met le mal ou le bien,
Laisse faire au destin sans se mesler de rien;
Non pas que ce grand Dieu qui donne l'ame au
    monde
Ne trouue à son plaisir la nature feconde,
Et que son influence encor à pleines mains,
Ne verse ses faueurs dans les esprits humains,
Parmy tant de fuseaux la Parque en sçait retordre
Où la contagion du vice n'a sçeu mordre,
Et le Ciel en faict naistre encore infinité,
Qui retiennent beaucoup de la diuinité,
Des bons entendemens, qui sans cesse trauaillent
Contre l'erreur du peuple, & iamais ne defaillent
Et qui d'vn sentiment hardy graue & profond,
Viuent tout autrement que les autres ne font,
Mais leur diuin genie est forcé de se feindre,
Et les rend malheureux s'il ne se peut contraindre,
La coustume & le nombre authorise les sots,
Il faut aymer la cour, rire des mauuais mots,
Acoster vn brustal, luy plaire, en faire estime:
Lors que cela m'aduient ie pense faire vn crime
I'en suis tout transporté, le cœur me bat au sein,
Ie ne croy plus auoir l'entendement bien sein,
Et pour m'estre soüillé de cest abord funeste,
Ie croy long temps apres que mon ame a la peste,
Cependant il faut viure en ce commun malheur,
Laisser à part esprit, & franchise & valeur,
Rompre son naturel emprisonner son ame,

Et perdre tout plaisir pour acquerir du blasme:
L'ignorant qui me iuge vn fantasque resueur;
Me demandant des vers croit me faire faueur,
Blasme ce qu'il n'entend, & son ame estourdie
Pense que mon sçauoir me vient de maladie.
Mais vous à qui le Ciel de son plus doux flabeau,
Inspira dans le sein tout ce qu'il a de beau,
Vous n'aués point l'erreur qui trouble ces infa-
   mes,
Ny l'obscure fureur de ces brutalles ames,
Car l'esprit plus subtil en ses plus rares vers,
N'a point de mouuemens qui ne vous soiët ouuers:
Vous auez vn genie à voir dans les courages,
Et qui cognoist assez mon ame & mes ouurages,
Or bien que la façon de mes nouueaux escrits,
Differe du trauail des plus fameux esprits,
Et qu'ils ne suiuent point la trace accoustumee,
Par ou nos escriuains cherchent la renommee:
I'ose pourtant pretendre à quelque peu de bruit
Et croy que mon espoir ne sera point sans fruict,
Vous me l'auez promis, & sur ceste promesse,
Ie fausse ma promesse aux vierges de Permesse
Ie ne veux reclamer ny Muse, ny Phebus,
Grace à Dieu bien guary de ce grossier abus,
Pour façonner vn vers que tout le monde estime
Vostre contentement est ma derniere lime:
Vous entendez le poids, le sens la liaison,
Et n'auez en iugeant pour but que la raison;
Aussi mon sentiment à vostre adueu se range,

Et ne reçoit d'autruy ny blasme ny loüange.
Imite qui voudra les merueilles d'autruy,
Malherbe a tres bien fait, mais il a fait pour luy
Mille petits voleurs l'escorchent tout en vie:
Quant à moy ces larcins ne me font point d'enuie:
I'approuue que chacun escriue à sa façon,
I'ayme sa renommée & non pas sa leçon,
Ces esprits mendians d'vne vaine infertile,
Prennent à tous propos ou sa rime ou son style,
Et de tant d'ornemës qu'on trouue en luy si beaux,
Ioignent l'or & la soye, à de vilains lambeaux,
Pour paroistre auiourdhuy d'aussi mauuaise grace,
Que parut autresfois la corneille d'Horace,
Ils trauaillent vn mois à chercher comme à fils
Pourra s'apparier la rime de Memphis,
Ce liban, ce turban, & ces riuieres mornes,
Ont souuent de la peine à retrouuer leurs bornes,
Cest effort tient leurs sens dans la confusion,
Et n'ont iamais vn rais de bonne vision.
I'en cognois qui ne font des vers qu'à la moderne
Qui cherchent à midy Phebus à la lanterne,
Grattent tant le François qu'ils le deschirent tout,
Blasmant tout ce qui n'est facile qu'à leur goust,
Sont vn mois à cognoistre en tastant la parole,
Lors que l'accent est rude, ou que la rime est mole,
Veulent persuader que ce qu'ils font est beau,
Et que leur renommée est franche du tombeau,
Sans autre fondement, sinon que tout leur aage,
S'est laissé consommer en vn petit ouurage,

Que leurs vers dureront au monde precieux,
Pource qu'en les faisant ils sont devenus vieux:
De mesme l'Areignée en filant son ordure,
Fait toute sa vie & ne faict rien qui dure.
Mais cet autre Poëte est bien plein de ferueur,
Il est blesme, transi, solitaire, resueur,
La barbe mal peignée, un œil branslant & caue,
Un front tout renfrongné, tout le visage haue,
Ahane dans son lict, & marmotte tout seul,
Comme un esprit qu'on oit parler dans un linceul.
Grimasse par la ruë, & stupide retarde
Ses yeux sur un obiect sans voir ce qu'il regarde:
Mais desia ce discours m'a porté trop auant,
Ie suis bien pres du port, ma voile a trop de vent
D'vne insensible ardeur peu à peu ie m'esleue,
Commençant vn discours que iamais ie n'acheue,
Ie ne veux point vnir le fil de mon subiet,
Diuersement ie laisse & reprens mon obiect.
Mon ame imaginant n'a point la patience,
De bien polir les vers & ranger la science,
La reigle me desplaist, i'escris confusément,
Iamais vn bon esprit ne faict rien qu'aisément;
Autresfois quand mes vers ont animé la Seine,
L'ordre où i'estois contrainct m'a bien faict de la peine.
Ce trauail importun m'a long temps martyré,
Mais en fin grace aux Dieux ie m'en suis retiré.
Peu sans faire naufrage & sans perdre leur ourse
Se sont aduanturez à ceste longue course;

Il y faut par miracle estre fol sagement,
Confondre la memoire auec le iugement,
Imaginer beaucoup, & d'vne source pleine,
Puiser tousiours des vers dans vne mesme veine:
Le dessein se dissipe, ou change de propos,
Quand le stile a gousté tant soit peu le repos,
Donnant à tels efforts ma premiere furie,
Iamais ma veine encor ne s'y trouua tarie:
Mais il me faut resoudre à ne la plus presser,
Elle m'a bien seruy ie la veux caresser,
Luy donner du relasche, entretenir la flame,
Qui de sa ieune ardeur m'eschauffe encore l'ame,
Ie veux faire des vers qui ne soyent pas con-
    traints,
Promener mon esprit par de petits desseins,
Chercher des lieux secrets où rien ne me desplaise
Mediter à loisir, resuer tout à mon aise,
Employer tout vne heure à me mirer dans l'eau,
Ouyr comme en songeant la course d'vn ruisseau,
Escrire dans les bois, m'interrompre, me taire,
Composer vn quatrain sans songer à le faire,
Apres m'estre esgayé par ceste douce erreur,
Ie veux qu'vn grãd dessein reschauffe ma fureur
Qu'vn œuure de dix ans me tienne à la contrain-
    cte
De quelque beau Poeme, où vous serez depainte
Là, si mes volontez ne manquent de pouuoir,
I'auray bien de la peine en ce plaisant deuoir.

En si

En si haute entreprise où mon esprit s'engage,
Il faudroit inuenter quelque nouueau langage,
Prendre vn esprit nouueau penser & dire mieux
Que n'ont iamais pensé les hommes & les Dieux,
Si ie paruiens au but où mon dessein m'appelle,
Mes vers se moequeront des ouurages d'Apelle
Qu'Heleine resuscite elle aussi rougira,
Par tout ou vostre nom dans mon ouurage ira
Tandis que ie remets mon esprit à l'eschole,
Obligé dés long-temps a vous tenir parolle,
Voicy de mes escrits ce que mon souuenir,
Desireux de vous plaire, en a peu retenir.

IE pensois au repos, & le celeste feu,
Qui me fournit des vers s'allantissoit vn peu:
Lors que le messager qui m'a rendu ta lettre,
Dans ma premiere ardeur m'est venu tout re-
    mettre,
I'ay d'abord a peu pres deuiné ton dessein,
Et dés lors que mes yeux ont recogneu ton sein,
Mon sang s'est rechauffé, tes vers m'ont picqué
    l'ame,
Et de leur propre esclat m'ont ietté de la flame.
Clairac en est esmeu, son fleuue en a grossi,
Et dans ce peu de temps que ie t'escris cecy,
D'autant qu'a ta faueur il sent flatter son onde,
Lot s'est rendu plus fier que riuiere du monde.
Le desbord insolent de ses rapides eaux,
Couurant auec orgueil le faiste des roseaux,

S

Fait taire nos moulins, & sa grandeur farouche
Ne sçauroit plus souffrir qu'vn auiron le touche
Dans l'excez de la ioye où tu le viens rauir,
Ce torrent glorieux ne daigne plus seruir:
Ie l'ayme de l'honneur qu'il rend à ta caresse,
Et luy veut faire part aux Autels que ie dresse
Resuant sur son riuage apres tes beaux escrits,
Tout à coup dans l'obiect d'vn penser qui m'a pris
Ie disois en voyant comme son flot se pousse,
Ainsi va la fureur d'vn Roy qui se courrouce.
Ainsi mes ennemis contre moy furieux,
M'ont rendu sans subiect le sort iniurieux;
Et si loing estendu leur orgueilleux rauage,
Qu'à peine sur les monts ay-ie veu du riuage,
Mon exil ne sçauroit ou trouuer seureté;
Par tout mil accidens choquoient ma liberté,
Quelques desers affreux, ou des forests suantes
Rendent de tant d'humeur les campagnes puantes,
Ont esté le seiour, ou le plus doucement,
I'ay passé quelques iours de mon bannissement.
Là vrayment l'amitié d'vn Marquis fauorable,
Qui n'eust iamais horreur de mon sort, deplorable
Diuertit mes soucis, & dans son entretien,
Ie trouuay du bon sens qui consola le mien,
Autrement dans l'ennuy d'vn lieu si solitaire,
Où l'esprit ny le corps ne trouuent rien à faire,
Où le plus Philosophe auecques son discours
Ne sçauroit sans languir auoir passé deux iours,
Le chagrain m'eust saisi dans vne grande chere,

Qui deux fois chaque iour enchantoit ma misere,
Car ie n'ay sceu trouuer de l'humeur dont ie suis,
Vn plus present remede à chasser mes ennuys :
Et si comme tu dis vous auez tous enuie
De me faire passer vn iour de douce vie,
Appreste des bons vins : mais n'en prends point d'autruy;
Car ie sçay que ton Pere en a de bon chez luy.
Il m'a bien obligé du salut qu'il m'enuoye,
Dis luy que cest honneur m'a tout comblé de ioye,
Et qu'vn pauure banny ne croyoit pas auoir
Ceste prosperité que tu m'as fait sçauoir :
Ainsi t'ayme le Ciel, & iamais la disgrace,
Ne frape ton destin, ny celuy de ta race.
Si mon malheur s'appaise & qu'il me soit permis
De refaire ma vie auecques mes amis,
Ie verray de quel œil tu verras mon passage,
Et que ces vers t'en soient vn asseuré message :
Possible auant qu'vn mois ayt acheué son cours
Le Soleil me rendra ses agreables iours.
Ie croy que ce printemps doit chasser mon orage,
Mon mauuais sort vaincu flattera mon courage
Et perdant tout espoir de m'abatre iamais
Tout confus il viendra me demander la paix;
Et quand mon iuste Roy n'aura plus de cholere
Qui m'a persecuté taschera de me plaire.
Lors pour toute vengeance quoy qu'ils ayent tasché.
Ie diray sans mentir qu'ils ne m'ont point fasché

S ij

Et qu'vn exil si plein de danger & de blasme,
Ne m'a point fait changer le visage ny l'ame.
Ceux auec qui te vis sont estonnez souuent
De me voir en mon mal aussi gay que deuant:
Et le malheur fasché de ne me voir point triste,
Ignore d'où me vient l'humeur qui luy resiste,
C'est l'arme dont le Ciel a voulu me munir,
Contre tant d'accidents qui me deuoient venir
Autrement vn tissu de tant de longues peines,
M'eust gelé mille fois le sang dedans les veines,
Mon esprit dés long-temps fust reduit en vapeur
S'il eust peu conceuoir vne vulgaire peur:
Mon ame de frayeur fut elle point faillie,
Lors que Panat me fit sa brutalle saillie?
Que les armes au poing accompagné de deux
Il me fit voir la mort en son teint plus hideux?
Ie croyois bien mourir, il le croyoit de mesme:
Mais pour cela le front ne me deuint point blesme
Ma voix ne changea point, & son fer inhumain
A me voir si constant luy trembloit à la main.
Encore vn accident aussi mauuais ou pire,
Me plongea dans le sein du poissonneux Empire,
Au milieu de la nuit, ou le front du Croissant,
D'vn petit bout de corne à peine apparoissant,
Sembloit se retirer & chasser les tenebres,
Pour ietter plus d'effroy dans des lieux si funebres.
Lune romp ton silence, & pour me dementir,
Reproche moy la peur que tu me vis sentir,
Que deus-je deuenir vn iour que le tonnerre,

presque dessoubs mes pieds vint ballier la terre?
Il brusla mes voisins, il me couurit de feu,
Et si pour tout cela ie le craignis bien peu.
Mais vrayment ce discours te doit sembler estrange,
Et tu vois que ces vers sentent trop ma loüange.
Tu m'as mis sur ce train, ie te veux imiter,
Et comme tu l'as faict i'escris pour me flatter.
A Dieu, ne reuiens plus soliciter ma veine,
I'ay fait à ce matin ces vers tout d'vn haleine,
Et pour me diuertir du desir de la Cour,
Depuis peu i'en escris plus d'autant chasque iour
Ie finis vn trauail, que ton esprit qui gouste,
Les doctes sentiments trouuera bon sans doute:
Ce sont les saincts discours d'vn fauory du Ciel,
Qui trouua le poison aussi doux que le miel,
Et qui dans la prison de la Cité d'Athenes
Veid lascher sans regret & sa vie & ses chênes:
Ainsi quand il faudra nous en aller à Dieu
Puissions nous sans regret abandonner ce lieu:
Et voir en attendant que la fortune m'ouure
L'ame de la faueur & le portail du Louure.

Qvand la Diuinité, qui formoit ton essence
Veid arriuer le temps au point de ta nais-
sance.
Elle choisit au Ciel son plus heureux flambeau,
Et mit dans vn beau corps vn esprit assez beau,
La trempe que tu pris en arriuant au monde

Estoit du feu, de l'air, de la terre & de l'onde;
Immortels Elemens, dont les corps si divers
Estrangement meslez, font vn seul Vniuers,
Et durent enchaisnez par les liens des ames,
Selon que le destin a mesuré nos trames,
Triste condition, que le sort plus humain
Ne nous peut asseurer au soir d'estre demain.
Ainsi te mit nature au cours de la fortune,
Aussi subiect que tous à ceste loy commune,
D'vn naturel fragile, & qui se vient ranger
A quel point que l'humeur le force de changer
Impatient, tardif, iniurieux, affable,
Despiteux, complaisant malicieux, aymable,
Serf de tes passions, & du commun soucy,
Des vices des mortels, & des vertus aussi:
N'attens point qu'en ton nom honteusement i'es-
    criue,
Ce qui ne fut iamais sur la Troyenne riue,
Que ie t'appelle Achile, & que tu sois vanté,
Par tant de faux exploits qu'on a iadis chanté:
Ces Poetes resueurs par leur plume hypocrite,
De tous ces vieux Heros ont trompé le merite,
Et sans aucune foy laissans mille tesmoins,
Il nous en disent plus, mais en font croire moins:
Car au rapport trompeur d'vn demy Dieu qu'on
    nomme,
Ie douteray s'il fut tant seulement vn homme:
Mon esprit plein d'amour, & plein de liberté,
Sans fard & sans respect, i'escrit la verité;

Et sans aucun dessein d'offencer ou de plaire,
Ie fais ce que mon sens me conseille de faire.
I'escrirois le Demon qui du train de tes iours,
Si difficilement guidoit le ieune cours;
Et l'astre dont tu vis la haine si puissante,
Opposer tant d'effort à ta vertu naissante:
I'escrirois mon destin, auant le doux moment,
Que pour te faire cerf le Ciel te fit amant:
Mais nostre ieune temps laisse aussi peu de mar-
  que,
Que le vol d'vn oyseau, ou celuy d'vne barque,
Et les traits de ses ans confusement passez
Pesent au souuenir s'ils n'en sont effacez,
Laissant ces iours perdus iusqu'aux premieres for-
  ces,
Que l'amour vient tenter de ses douces amor-
  ces:
Mes vers ne discourront que depuis le bon iour
Que tu te vins ranger à l'empire d'Amour,
Et suyuant ta fureur, tu penseras peut estre,
Que dés lors seulement tu commenças à naistre.
Que tu ne fus viuant, ny d'esprit, ny de corps,
Que depuis qu'vn bel œil te donna mille morts,
Les aymables attraits, dont les yeux d'vne dame
Firent naistre l'ardeur de ta premiere flamme,
Furent bien tost vainqueurs, & l'amour qui le
  prie,
Au lieu de te desplaire obligea ton esprit
Ton naturel ployable à la premiere atteinte,

S iiij

Souspira son tourment d'une si douce plainɛte,
Et si modestement permit d'estre arresté,
Qu'il sembla que tes fers estoient ta liberté;
Tant le sort de ta vie autrement malheureuse
Se trouue pour ton bien de nature amoureuse.
En ce destin les maux que le Ciel a versez,
Dans l'erreur de tes iours sans cesse trauersez,
Ont trouué leur remede, & n'est peine si forte,
Que par luy ton esprit legerement ne porte.
Quand le poison d'amour t'eut vne fois charmé
Contre tout autre effort tu fus assez armé,
Toute autre passion au prix mousse & legere,
Depuis ne fut en toy que foible & passagere,
Depuis pour viure esclaue au ioug d'vne
  beauté,
Ton ame ne fut plus qu'amour, que loyauté:
Celle qui gouuernoit ta captiue pensee
Dissimuloit le coup dont elle fut blessée:
La honte, & le deuoir, & ce fascheux honneur,
Ennemis coniurez de tout nostre bon-heur,
De contrainɛtes froideurs desesperoient son
  ame,
Quand ton obieɛt pressant solicitoit sa flame,
En ses regards forcez son amour paroissoit,
Et par la resistance heureusement croissoit.
Tes yeux dont la fureur auoit changé l'vsage,
Languissoient estonnez aupres de son visage,
Son visage & le tien plus blanc, frais & vermeil
Que le teint de l'aurore, & le front du Soleil.

Elle estoit à tes yeux plus agreable encore,
Que deuant le Soleil ne fut iamais l'Aurore.
Vostre obiect en son sexe, esgallement pouuoit
Se dire le plus beau que la nature auoit,
Et les traits de ta face auiourd'huy, que l'iniure
Du temps qui change tout à changé ta figure,
Vniquement parfaicts, sont punis d'vn amour,
A qui milles beautez font encores la Cour,
Qu'elle deust estre alors, & combien plus prisee
Ta face que le poil n'auoit point desguisee.
En sa ieune vigueur, conforme au ieune obiect
De la premiere belle à qui tu fus subiect.
Tu meritois beaucoup, & si l'amour auare,
Eust frustré ton espoir, il eust esté barbare,
Indigne que iamais à son sacré brasier
Aucun amant portast le mirthe & le rosier. (dre
Mais ce Dieu pour t'oster tout subiet de te plain-
L'a voulu auec toy de mesmes nœuds estraindre;
De mutuelle ardeur son esprit enflama,
Et rangea ton amour au point qu'elle t'ayma.
D'vn semblable desir vous taschiez à vous plaire,
Ce que l'vn desseignoit, l'autre le vouloit faire:
Vous lisiez dans vos fronts ce que vos cœurs di-
   soient,
Et de mesmes propos vos ames deuisoient:
Alors qu'impatience en ta flamme excessiue
Tu blasmois le refus de son amour craintiue,
Son cœur plus que le tien de martyre souffroit,
Te refusant du corps ce que l'ame t'offroit;

Ta qualité de marque, aucunement estrange,
A son sang populaire & tiré de la fange,
N'voit à son espoir les bien-heureux accords,
Qui ioignent sous l'hymen deux esprits & deux
  corps;
Et ce titre d'espoux, honteux aux ames fortes,
Que par despit du Ciel & de l'amour tu portes,
Duisoit mal à ton aage, & pour vous allier,
Il eust fallu la terre au Ciel apparier.
Quelquesfois en riant tu m'as compté la feste,
Que pour vostre nopçage l'on pensoit toute preste
Lors que sa parenté ridicule, esperoit,
Qu'vn accord entre vous ferme demeureroit,
Elle qui seulement d'Amour fut insensee,
Ne s'entretint iamais de si folle pensee :
Mais contre le destin auec toy se plaignoit,
Qu'à vos desirs esgaux le rang ne se ioignoit.
Il est vray qu'en l'effort de ceste rage extreme,
Tu pouuois oublier & ta race & toy mesme;
Et l'amant qui troublé de tel empeschement,
Se destourne d'aymer, ayme trop laschement.
Mais tu sçauois qu'Amour meurt en la iouyssance
Qu'il nous trauaille plus, moins il a de licence,
Qu'en des baisers permis ceste vertu s'endort,
Et que le lict d'Hymen est le lict de sa mort.

Desia trop longuement la paresse me flatte,
Et ie sens qu'à la fin elle deuient ingratte,
I'ay donné trop de temps à mon propre plaisir,

Pour trop de liberté i'ay manqué de loisir,
Ie veux effrontement auecques mon salaire,
Nourrir à tes dépens le soucy de me plaire.
Ie ne puis estre esclaue & viure en te seruant,
Cōme vn Maistre d'hostel, Secretaire, ou suiuant:
Telle condition veut vne humeur seruile,
Et pour me captiuer elle est vn peu trop vile,
Mais puis que le destin à trahy mon esprit.
Et que loing du Perou la fortune me prit,
Ie dois aymer mon ioug, m'y rendre volontaire,
Et dedans la contrainéte obeyr & me taire:
C'est d'vn iuste deuoir surmonter la raison,
Et trouuer la franchise au fonds d'vne prison.
Or ie suis bien heureux soubs ton obeyssance,
En ma captiuité i'ay beaucoup de licence,
Et tout autre que toy, se lasseroit en fin,
D'auoir si librement vn serf si libertin,
Le soin de te seruir c'est ce qui moins m'afflige,
Et l'honneur de te voir est ce qui plus m'oblige:
Ton entretien est doux, agreable, & sçauant,
Aux plus doctes discours qu'on peut mettre en
   auant.
Tes regards sont courtois, tes propos amiables,
Ton humeur agreable, & tes mœurs sociables,
Tes charges, tes maisons, tes qualitez, ton bien,
Au prix de ta vertu, ie ne les prise rien.
Estime ton merite il vaut mieux que le Gange,
Tes richesses au prix sont de terre & de fange,
Cela n'a point d'esclat aupres de ta valeur,

Et mon poeme aussi n'emprunte rien du leur:
La race, la grandeur, l'argent la renommée, (me*
Aux iugemës bien clairs n'est qu'ombre & que fu*
C'est vn lustre pipeur, qui s'escoulle, & qui fuit,
Auec l'entendement du brutal qui le suit.
Ie sçay que la nature a voulu que tu prinsses,
Et le sang, & le nom d'vne race de Princes:
Mais quand bien les grands Roys, dont ce nom est
   fameux,
T'auroient laissé bien riche, & florissant comme
   eux,
Si d'vn esprit commun le Ciel t'auoit fait naistre
Ie serois bien marry de t'auoir eu pour maistre.
Qu'vn homme sans esprit est rude & desplaisant
Et que le ioug des sots est fascheux & pesant:
Vn sage à leur desir sans contrainEte ne plie,
Et iamais sans regret d'vn tel nœud ne se lie:
Vn sot il est cruel, ingrat, imperieux,
Tantost on le voit morne, & tantost furieux;
Oblige sans subieEt, mal à propos offence,
Et qui ne faiEt iamais du bien quand il y pense,
Son esprit ignorant ne peut rien estimer,
Il n'a nulle raison, il ne sçait rien aymer:
Or il veut qu'on le tance, & tantost qu'on le louë.
Tantost il fait du bruit, & tantost il se iouë,
Il ne sçait qui le fasche, ou qui luy fait plaisir,
Et luy mesme en son cœur n'entëd point son desir.
Mais d'vn orgueil farouche, & d'vne ame inso-
   lente,

Il force tout deuoir, toutes loix violente,
Et ne peut accorder, tout ignorant qu'il est,
Qu'vne chose soit bien que quand elle luy plaist:
Estre sçauant chez luy, c'est vne honte, vn crime,
Il croit que c'est tout vn qu'vn charme ou qu'vne
    rime.
Si Dieu m'auoit iamais à tel maistre donné,
Ie pourrois bien iurer que ie serois damné,
Et croy que mes destins auroyent moins de cholere,
De m'auoir attaché des fers d'vne galere,
Bourrelé comme ceux que tu voyois ramer,
Quand vn si beau dessein te porta sur la mer.
Neptune est effroyable, il tempeste, il escume,
Sa fureur iusqu'au Ciel vosmit son amertume,
Trahit les plus heureux, & leur faict vn cercueil
Tantost d'vn banc de sable, & tātost d'vn escueil.
Ses abois font horreur, & mesme en la bonace,
Par vn silence affreux ce trompeur nous menace.
Il a deuant tes yeux faict blesmir les nochers,
Obscurcy le Soleil, & fendu les nochers:
De ses flots il faict naistre & mourir le tonnerre,
Et de son bruict hydeux gemir toute la terre:
L'image de la mort passe au trauers des flots,
Dans les cœurs endurcis des plus fiers matelots:
Ces frayeurs ne t'ont point esbranlé le courage,
On t'a veu tousiours ferme au plus fort de l'o-
    rage,
D'vn iugement robuste au milieu du danger,
Tenir indifferens vn sepulchre estranger,

Et les lasches accens d'vne voix estonnee;
Ne t'ont point faict gemir comme faisoit Aenee,
Bien que moins rudement Neptune l'assaillit,
Tout heros qu'il estoit, le cœur luy deffaillit;
Il eut peur de la mort, & se remit en l'ame,
Ses compagnons bruslez dans la Troyenne flame:
Enuia leur destin, & d'vn esprit heureux;
Pour estre hors du peril, le nomma bien heureux
Se fust voulu rebattre auec l'ombre d'Achille,
Se plaignoit de suruiure aux cendres de sa ville;
Et de n'auoir l'honneur que ses os fussent mis,
Dans le tombeau de Troye où gisoient ses amis;
Iamais tes sentimens n'auront tant de malaise,
Quelque pan de la terre où le Soleil te laisse.
Tu tiens esgallement & propice, & fatal,
Ou la terre estrangere, ou le pays natal.
Ha! que i'ay du regret de n'auoir veu le monde,
Par où ta ieune ardeur te promena sur l'onde,
I'escrirois en beaux vers le climat, & le lieu
Où ton bras attaqua les ennemis de Dieu.
Ie serois glorieux d'auoir prins ton image,
A qui les mieux vantez viendroyent faire vn
  hommage.
Tu me dois accorder deux heures de loisir,
Pour contenter icy mon curieux desir.
Me faire vn long recit de toutes les trauerses,
Que t'ont faict tant de mers & de terres diuerses,
Ie sçauray iusques où la ligne tu passas,
Les hommes que tu pris, les lieux que tu forças,

Et ce combat naual, où ton ardeur trop prompte,
Fit rougir tous les tiens de cholere & de honte,
J'ignore ces hazards, tu me diras que c'est;
Tu me diras comment vn naufrage se faict,
Le sanglant desespoir dont le vaincu se ronge,
Et les dangers hydeux ou le soldat se plonge,
L'estat qu'vn homme libre apres que le destin,
Au Comite cruel l'a donné pour butin;
Auec combien d'horreur il se range à la chaine,
Et force l'innocence à receuoir la peine.
A voir tous ces obiects d'horreur & de pitié,
Ie croy qu'on en deuient plus dur de la moitié,
C'est ce qui rend ainsi le marinier farouche,
Du mal de son prochain moins esmeu qu'vne souche:
Et sur nos passions nostre desir vainqueur,
En fin dispose à tout & les yeux, & le cœur.
Vne lente coustume auec le temps emporte,
De nostre naturel l'affection plus forte:
Mais ta douce nature, & ton cœur seulement,
De ces contagions n'est touché nullement,
Tu reuins tout courtois, si bien qu'en apparence,
Tu n'auois point passé les riuages de France.
Entre tes qualitez ceste douceur d'esprit,
Qui si facilement par l'oreille me prit,
Oblige plus que tout, vn grand qui s'humilie,
Faict vn ioug fort aisé dont le plus fier se lie.
Il ne faut qu'vn sousris, il ne te faut qu'vn mot,
Affin d'ensorceller & le sage, & le sot.

Ceux là de leur grandeur comme ie pense abusent
Qui leur salut au moindre insollemment refusent,
Dans vne vanité qui les tient tous contrains,
Ne voyans ce qu'ils sont, qu'en l'esclat de leur
    trains.
Se trouuent estonnez, perdans leur bonne mine,
Se leur suitte ordinaire auec eux ne chemine:
Pour monstrer leur pouuoir d'vn accent irrité,
Parlent auec leurs fuyants auec authorité.
Il est bien raisonnable icy que ie te die,
Que ton esprit bien sain n'a point leur maladie:
L'Astre qui te fit naistre euita ce malheur,
Et suiuit vn destin bien differend du leur:
Ne crois point que ie mente à dessein de te plaire,
C'est ce que ie n'ay point accoustumé de faire.
Ie fais le plus souuent mes discours trop hardis,
Et pource qu'on me croit on hayt ce que ie dis:
Bien heureux auiourd'huy, que te voulant dé-
    peindre,
Ie ne suis obligé de faillir ou de feindre:
Pour toy seul mon humeur qui suit la verité,
Trouue de l'aduantage en sa seuerité.
Vne iuste amitié m'excite le courage
D'vne incroyable ardeur au dernier ouurage:
Mon esprit glorieux s'attache à cét obiect,
Et tire vanité d'vn si rare subiect.
Ta vertu me rauit. & fait que mon poëme
Seruant à ton plaisir m'obligera moy-mesme,
Or pour le grand dessein où i'engage mes vers,
                                    Il faut

Il faut que tes destins me soient mieux descouverts
Que i'entre dans ton ame, & que de là ie tire,
La matiere du liure où ie te veux descrire:
Mon trauail sera long, & depuis ton berceau,
Possible durera iusques à mon tombeau.
Au rapport de mes vers, n'espere pas qu'on croye
Que tu sois descendu du fugitif de Troye:
Car mes inuentions sans prendre rien d'autruy,
Te feront bien sortir d'aussi bon lieu que luy.
Il fut un vagabond, & quoy qu'on le renomme,
Ie ne sçay s'il posa les fondemens de Rome:
Le conte de sa vie est fort vieux & diuers,
Virgile par luy mesme a desmenty ces vers.
Il le depeint deuot, & le confesse traistre,
Vers l'Amour que leurs Dieux recognoissent pour
    maistre.
Mais mon dessein n'est pas d'examiner icy,
Les deffauts du Troyen, ny du Poete aussi.
Pleust à Dieu que des miens nos escriuains se
    taisent.
Et qu'à leur gout tardif mes ardeurs me desplai-
    sent
Toutesfois mon renom n'aura que faire d'eux,
Pourueu que mon trauail soit au gré de nous deux?
Si mes esprits lassez perdent iamais haleine,
Ton agreable accueil r'animera ma veine:
En me louant un peu tu me feras plaisir,
Et me reschaufferas d'un plus ardant desir,
Vn regard de mespris me rebutte & me lasse,

T

Et mon sang le plus chaud en deuient tout de glace
Donne moy du repos, & ne viens point choisir
A mes conceptions les lieux ny le loisir.
Ores i'ayme la ville, ores la solitude,
Tantost la promenade, & tantost mon estude:
Bref si tu me tiens pour vn fascheux rimeur,
Tu souffriras vn peu de ma mauuaise humeur.

A MONSIEVR DV FARGIS.

IE ne my puis resoudre, excuse moy de grace,
Escriuant pour autruy ie me sens tout de glace
Ie te promis chez toy des vers pour vn amant,
Qui se veut faire ayder à plaindre son tourment,
Mais pour luy satisfaire, & bien plaindre sa flame,
Ie voudrois parauant auoir cogneu son ame,
Tu sçais bien que chacun à des gousts tout diuers,
Qu'il faut à chaque esprit vne sorte de vers,
Et que pour bien ranger le discours & l'estude,
En matiere d'amour ie suis vn peu trop rude:
Il faudroit comme Ouide auoir esté picqué;
On escrit aysement ce qu'on a pratiqué.
Et ie te iure icy sans faire le farouche,
Que de ce feu d'amour aucun traict ne me touche;
Ie n'entend point les loix, ny les façons d'aymer,
Ny comment Cupidon se mesle de charmer:
Ceste diuinité des Dieux mesme adoree,

Ces traits d'or & de plomb, ceste trousse doree,
Ces aisles, ces brandons, ces carquois, ces appas,
Ont vrayment un mystere où ie ne pense pas.
La sotte antiquité nous a laissé des fables
Qu'vn hôme de bon sens ne croit point receuables,
Et iamais mon esprit ne trouuera bien sain
Celuy-là qui se paist d'vn fantosme si vain,
Qui se laisse emporter à des confus mensonges,
Et vient mesme en veillant s'embarasser de songes.
Le vulgaire qui n'est qu'erreur, qu'illusion,
Trouue du sens caché dans la confusion:
Mesme des plus sçauants : mais non pas des plus
 sages
Explique auiourd'huy ces fabuleux ombrages.
Autresfois les mortels parloient auec les Dieux,
On en voyoit pleuuoir à toute heure des Cieux:
Quelquesfois on a veu prophetiser des bestes,
Les arbres de Dodonne estoient aussi Prophetes.
Ces comptes sont fascheux a des esprits hardis,
Qui sentent autrement qu'on ne faisoit iadis.
Sur ce propos vn iour i'espere de t'escrire,
Et prēdre vn doux loisir pour nous donner à rire,
Cependant ie te prie encore m'excuser,
Et me laisser ainsi libre à te refuser,
Me permettre tousiours de te fermer l'oreille,
Quand tu me prieras d'vne faueur pareille,
Pense tu quand i'aurois employé tout vn iour,
A bien imaginer des passions d'Amour,
Que mes conceptions seroient bien exprimées

T ij

En paroles de choix, bien mises, bien rimées:
L'autre n'y trouueroit possible rien pour luy,
Tant il est malaisé d'escrire pour autruy.
Apres qu'à son plaisir i'aurois donné ma peine,
Ie sçay bien que possible il loüeroit ma veine;
Vrayment ces vers sont beaux, ils sont doux &
   coulants,
Mais pour ma passion ils sont vn peu trop lents;
I'eusse bien desiré que vous eussiez encore,
Mieux loué sa beauté, car vrayment ie l'honore;
Vous n'auez point parlé du front, ny des cheueux
Ny de son bel esprit seul obiect de mes vœux:
Tant seulement six vers encor ie vous supplie,
Mon Dieu que de trauail vous donne ma folie?
Il voudroit que son front fust aux astres pareil,
Que ie la fisse ensemble & l'Aube, & le Soleil,
Que i'escriue comment ses regards sont des armes
Comme il verse pour elle vn ocean de larmes.
Ces termes esgarez offencent mon humeur,
Et ne viennent qu'au sens d'vn nouice rimeur.
Qui reclame Phœbus, quant à moy ie l'abiure,
Et ne recognois rien pour tout que ma nature.

SATYRE PREMIERE.

Qvi que tu sois de grace escoute ma satyre,
Si quelque humeur ioyeuse autre part ne
Ayme ma hardiesse, & ne t'offence point, (t'attire

De mes vers, dont l'aigreur vtilement te point;
Toy que les Elemens ont faict d'air & de boue,
Ordinaire subiect où le malheur se ioue.
Sçache que ton filet, que le destin ourdit,
Est de moindre importance encor qu'on ne te dit.
Pour ne le point flatter d'vne diuine essence,
Voy la condition de ta sale naissance,
Que tiré tout sanglant de ton premier seiour,
Tu vois en gemissant la lumiere du iour,
Ta bouche n'est qu'aux cris & à la faim ouuerte
Ta pauure chair naissante est toute descouuerte
Ton esprit ignorant encor ne forme rien,
Et moins qu'vn sens brutal sçait le mal & le bien.
A grand peine deux ans t'enseignent vn langage,
Et des pieds & des mains te font trouuer vsage,
Heureux au prix de toy les animaux des champs,
Ils sont les moins hays, comme les moins meschans.
L'oyselet de son nid à peu de temps s'eschappe,
Et ne craint point les airs que de son aisle il frappe:
Les poissons en naissant commencent à nager;
Et le poulet esclos chante, & cherche à manger.
Nature douce mere à ces brutales races,
Plus largement qu'à toy leur a donné des graces;
Leur vie est moins subiecte aux fascheux accidens
Qui trauaillent la tienne au dehors & dedans:
La beste ne sent point peste, guerre, ou famine,
Le remors d'vn forfaict en son corps ne la mine;
Elle ignore le mal pour en auoir la peur,
Ne cognoist point l'effroy de l'Acheron trompeur.

T iij

Elle à la teste basse, & les yeux contre terre,
Plus pres de son repos, & plus loing du tonnerre,
L'ombre des trespassez n'aigrit son souuenir,
On ne voit à sa mort le desespoir venir:
Elle compte sans bruit & loing de toute enuie
Le terme dont nature a limité sa vie,
Donne la nuict paisible aux charmes du sommeil
Et tous les iours s'esgaye aux clartez du Soleil,
Franche de passions, & de tant de trauerses,
Qu'on voit au changement de nos humeurs di-
  uerses.
Ce que veut mon Caprice, à ta raison desplaist,
Ce que tu trouues beau, mon œil le trouue laid:
Vn mesme train de vie au plus constant n'agree,
La prophane nous fasche autant que la sacree.
Ceux qui dans les bourbiers des vices empeschez
Ne suiuent que le mal, n'ayment que les pechez,
Sont tristes bien souuent, & ne leur est possible,
De consommer vne heure en volupté paisible.
Le plus libre du monde est esclaue à son tour,
Souuent le plus barbare est subiect à l'amour:
Et le plus patient que le Soleil esclaire
Se trouue quelquesfois emporté de cholere.
Comme Saturne laisse & prend vne saison,
Nostre esprit abandonne & reçoit la raison,
Ie ne sçay quelle humeur nos volontez maistrise,
Et de nos passions est la certaine crise:
Ce qui sert auiourd'huy nous doit nuire demain
On ne tient le bon-heur iamais que d'vne main:

Le destin inconstant sans y penser oblige,
Et nous faisant du bruit souuent il nous afflige:
Les riches plus contans ne se sçauroient guarir
De la crainte de perdre & du soin d'acquerir.
Nostre desir changeant suit la course de l'aage,
Tel est graue & pesant qui fut iadis volage,
Et sa masse caduque esclaue du repos
N'ayme plus qu'à resuer, hayt le ioyeux propos:
Vne salle vieillesse en desplaisir confite,   (pite,
Qui tousiours se chagrigne, & tousiours se des-
Voit tout à contre-cœur, & ses membres cassez
Se rongent de regret de ses plaisirs passez,
Veut trainer nostre enfance à la fin de la vie,
De mesme sang boüillant veut estouffer l'enuie.
Vn vieil Pere resueur aux nerfs tous refroidis,
Sans plus se souuenir quel il estoit iadis.
Alors que l'impuissance esteint sa conuoitise
Veut que nostre bon sens reuere sa sottise,
Que le sang genereux estouffe sa vigueur,
Et qu'vn esprit bien né se plaise à la rigueur.
Il nous veut attacher nos passions humaines,
Que son malade esprit ne iuge pas bien saines.
Soit par rebellion, ou bien par vn erreur,
Ces repreneurs fascheux me sont tous en horreur,
I'approuue qu'vn chacun suiue en tout la nature
Son Empire est plaisant, & sa loy n'est pas dure:
Ne suiuant que son train iusqu'au dernier moment
Mesmes dans les malheurs on passe heureusement.
Iamais mon iugement ne trouuera blasmable

T iiij

Celuy-là qui s'attache à ce qu'il trouue aymable,
Qui dans l'estat mortel tient tout indifferent,
Aussi bien mesme fin à l'Acheron nous rend:
La barque de Charon à tous ineuitable,
Non plus que le meschant n'espargne l'equitable.
Iniuste Nautonnier helas! pourquoy sers tu
Auec mesme auiron le vice & la vertu?
Celuy qui dans les biens a mis toute sa ioye,
Et dont l'esprit auare apres l'argent aboye,
Ou qu'il tourne la terre en refendant la mer,
Ses nauires iamais ne puissent abysmer:
L'autre qui rien du tout que les grandeurs ne prise
Et qu'vn vif aiguillon de vanité maistrise,
Soit tousiours bien paré, mesure tous ses pas,
S'imagine en soy-mesme estre ce qu'il n'est pas,
Qu'il fasse veoir vn sceptre à son ame aueuglee,
Et son ambition ne soit iamais reiglee:
Cestuy-cy veut poursuiure vn vain tiltre de vent,
Qui pour nous maintenir nous perd le plus souuēt,
Il s'attache à l'honneur, suit ce destin seuere,
Qu'vne sotte coustume ignoramment reuere:
De sa condition ie prise le bon-heur,
Et trouue qu'il fait bien de mourir pour l'honneur.
Vn esprit enragé qui voudroit voir en guerre
Pour son contentement & le Ciel & la terre,
Ne respire brutal que la flame & le fer,
Et qui croit que son ombre estonnera l'enfer,
Qu'il employe au carnage, & la force, & les char-
mes,

Que son corps nuict & iour ne soit vestu que d'armes;
Vne sauuage humeur, qui dans l'horreur des bois
Des chiens auec le cor anime les abois.
Son dessein innocent heureusement poursuiue,
Et la tranquilité de ceste peine oysiue:
Qu'il trauaille sans cesse à brosser les forests,
Et iamais le butin n'eschappe de ses rets.
Celuy d'vne beauté d'ineuitable amorce
Retient dans ses liens plus de gré que de force,
Qu'il se flatte en sa peine, & tasche à prolonger
Les soucis qui le vont si doucement ronger,
Qu'il perde rarement l'obiect de ce visage,
Ne destourne iamais son cœur de ceste image,
Ne se souuienne plus du ieu, ny de la Cour,
N'adore aucun des Dieux qu'apres celuy d'amour,
N'ayme rien que ce ioug, & tousiours s'estudie
A tenir en humeur sa chere maladie,
Ne se troublent iamais d'aucun soupçon ialoux,
Se mocque des acquests d'vn impuissant espoux,
Qu'il se trouue allegé par la moindre caresse
Des fers les plus pesans dont sa rigueur le presse,
Sauue les mouuemens de ses affections
Ne tasche de brider iamais ses passions.
Si tu veux resister, l'amour te sera pire,
Et ta rebellion estendra son empire:
Amour a quelque but, quelque temps de durer,
Que nostre entendement ne peut pas mesurer:
C'est vn fieureux tourment, qui trauaillans

noſtre ame
Luy donne des accez & de glace & de flame,
S'attache à nos eſprits comme la fieure au corps,
Iuſqu'à ce que l'humeur en ſoit toute dehors.
Contre ſes longs efforts la reſiſtance eſt vaine
Qui ne peut l'euiter il doit aymer ſa peine.
L'eſclaue patient n'eſt qu'à demi dompté,
Il veut à ſa contrainéte vnir ſa volonté.
Le ſanglier enragé, qui d'vne dent poinétuë
Dans ſon goſier ſanglant mort l'eſpieu qui le tuë
Se nuit pour ſe deffendre, & d'vn aueugle effort
Se trauaille luy meſme, & ſe donne la mort.
Ainſi l'homme ſouuent, s'obſtine à ſe deſtruire
Et de ſa propre main il prend peine à ſe nuire.
Celuy qui de nature, & de l'amour des Cieux
Entrant en la lumiere eſt nay moins vicieux,
Lors que plus ſon Genie aux vertus le conuie,
Il force ſa nature, & fait toute autre vie,
Imitateur d'autruy ne ſuit plus ſes humeurs
S'eſgare pour plaiſir du train des bonnes mœurs
S'il eſt nay liberal, au diſcours d'vn auare
Il taſchera d'eſteindre vne vertu ſi rare;
Si ſon eſprit eſt haut, il le veut faire bas,
S'il eſt propre à l'eſtude, il parle des combats.
Ie croy que les deſtins ne font venir perſonne
En l'eſtre des mortels qui n'ayt l'ame aſſez bonne,
Mais on la vient corrompre, & le celeſte feu
Qui luit à la raiſon ne nous dure que peu:
Car l'imitation rompt noſtre bonne trame,

Et tousiours chez autruy fait demeurer nostre ame.
Ie pense que chacun auroit assez d'esprit,
Suyuant le libre train que Nature prescrit.
A qui ne sçait farder, ny le cœur, ny la face,
L'impertinence mesme a souuent bonne grace.
Qui suyura son Genie, & gardera sa foy,
Pour viure bien-heureux, il viura comme moy.

SATYRE SECONDE.

COgnois-tu ce fascheux, qui contre la fortune
Aboye impudemmēt comme vn chien à la Lune?
Et qui voudroit ce semble en destourner le cours
Par l'importunité d'vn outrageux discours:
D'vne sotte malice en son ame il s'afflige,
Quand la faueur du Roy ses fauoris oblige.
Vn homme, dont le nom est à peine cogneu,
D'vn pays estranger nouuellement venu,
Que la fortune aueugle en promenant sa rouë,
Tira sans y penser d'vne orniere de bouë
Malgré toute l'enuie au dessus du malheur,
D'vn credit insolent gourmande la valeur:
Et nous le permettons, & le François endure
Qu'à ses propres despens ceste grandeur luy dure.
Nos Princes autresfois estoient bien plus hardis,
Où se cache auiourd'huy la vertu de iadis?

Apprends malicieux comme tu sçais mal viure,
Qu'vne fortune est d'or & que l'autre est d[e]
 cuyure,
Que le sort à des loix qu'on ne sçauroit forcer,
Que son compas est droict, qu'on ne le peut fausser.
Nous venons tous du Ciel pour posseder la terre,
La faueur s'ouure aux vns, aux autres se re-
 serre:
Vne necessité que le Ciel establit
Deshonore les vns, les autres establit:
Vn ignoble souuent de riches biens herite,
L'autre dans l'hospital est tout plein de merite.
Pour trouuer le meilleur, il faudroit bien choisir:
Ne crois point que les Dieux soient si pleins de
 loisir.
Encor si chaque infame estoit marqué d'vn signe,
Qui de toutes vertus le fist trouuer indigne,
Les Roys qui soubs les Dieux disposent du bon-
 heur,
Enrichiroient tousiours le merite & l'honneur:
Que si l'ame des Dieux est la mesme iustice,
Si ce qui leur desplaist porte le nom de vice,
Les Roys qui sont leurs fils & Lieutenans icy,
Peuuent iuger des bons, & des mauuais aussi.
Et sans flatter mon Roy, ie trouue bien estrange
Qu'vn vulgaire ignorant & tiré de la fange,
Contre sa maiesté se monstre iniurieux
Dessous ses actions portant l'œil curieux.
Quant à moy ie repute vne faueur bien mise

Enuers le plus chetif que le Roy fauorise,
Quoy que tousiours bien pauure, & tousiours dedaigné
Sur mon esprit l'enuie encore n'ait rien gaigné:
Qu'vn homme de trois iours, de soye, & d'or se couure,
Du bruit de sa carrosse importune le Louure;
Qu'vn estranger heureux se mocque des François,
Qu'il ait mille suiuans, pourueu que ie n'en sois,
Ie leur fais ce souhait en mon humeur hardie,
Ie ne crains point faillir, quoy que ma Muse die:
Ma liberté dit tout sans toutesfois nommer
Par vne vaine aigreur ceux que ie veux blasmer
Aussi n'attends iamais que ie te face rire
D'vn vers, que sans danger ie ne sçaurois escrire.
Ceux-là sont fols vrayment qui vendent vn bon mot
De cent coups de baston que fait donner vn sot;
Esclaues imprudens de leur humeur mauuaise
Ne sçauent mediter vn vers qu'il ne desplaise.
Des pasquins contre aucuns ie ne compose icy,
Et ne sçaurois souffrir des iniures aussi.
Le Dieu des vers m'inspire vne modeste flame,
Qui n'est propre à donner ny receuoir du blasme:
Ie hay la mesdisance & ne puis consentir,
De gaigner auec peine vn triste repentir.
Chacun qui voit mes vers, s'il a les yeux d'vn homme,
Congnoistra son portraict combien qu'on ne le nomme.

Qui ne liēt ma satyre, il n'en n'est pas tancé,
Plusieurs s'en facheront à qui ie n'ay pensé.
Qui hait trop la laideur de son vilain visage,
Il ne deuroit iamais en regarder l'image:
Qui craint d'estre repris, il n'a qu'à se cacher
Et de là mon dessein n'est plus de le facher,

ELEGIE.

CHere Phillis, i'ay bien peur que tu meures
Dans ce desert si triste où tu demeures.
Helas! quel sort te peut là retenir?
A quoy se peut ton ame entretenir?
Ta fantaisie est-elle point passee?
L'aurois tu bien encor en la pensee
Te souuient il de la Cour ny de moy,
Et de m'auoir iadis donné ta foy
S'il t'en souuient Phillis ie te coniure
Par tous les droiēts d'amour & de nature,
Fais moy l'honneur de t'asseurer aussi
Que ie languis de mon premier soucy.
Si tu sçauois à quel point de folie
M'a faiēt venir ceste melancholie;
Si tu sçauois à quoy ie suis reduiēt,
En quel trauail mon ame est iour & nuiēt.
Quoy que t'ait dit de moy ta deffiance,
Ta ialousie ou ton impatience:
Tu m'aymerois, & sçachant mes ennuys,
Tu me plaindrois en l'estat où ie suis;

Pasle, deffait, & sec comme vne idole,
Changé d'humeur, de face, de parolle:
Tousiours ie resue en mon affliction,
Sans nul desir de consolation;
Ie ne veux point que personne s'employe
A r'animer mon esprit ny ma ioye:
Car sans te faire vn peu de trahison,
Ie ne sçaurois chercher ma guarison.
Puis qu'il est vray que i'ay cet aduantage,
Que mon seruice à gaigné ton courage,
Et que parmy tant d'aymables amans
Mon seul obiect touche tes sentimens:
Ie serois bien d'vn naturel barbare,
Bien moins ciuil qu'vn Scythe, qu'vn Tartare,
Si ie n'aymois le bien de ton amour
Plus cherement que la clarté du iour.
Le Ciel m'enuoye vn traict de son tonnerre,
Et soubs mes pieds fasse creuer la terre:
Dés le moment qu'vn sort iniurieux
De ma memoire effacera tes yeux;
Helas comment trouueray-ie en ma vie
Quelque subiect qui m'en donnast enuie;
Quelle beauté me sçauroit obliger
A diuertir ma flame ou la changer;
Dedans la tienne ou loge ma fortune,
Venus à mis ses trois Graces en vne:
Amour luy mesme auec tous ses attraits,
Comme il est peint dans les plus beaux pourtraits
Rapporte à peine vne petite trace

Du vif esclat qui reluit dans ta face:
Et tes beaux ieux, où s'est lié mon sort,
Touchent les cœurs d'vn mouuement si fort,
Que si le Ciel d'vne pareille flame
Nous inspiroit sa volonté dans l'ame,
Tous les mortels d'vne inuincible foy
Obeyroient à la diuine loy.
Ton front paroist, comme aupres de la nuë
Paroist au Ciel Diane toute nuë,
Plus vny qu'elle, & qu'on ne voit gasté
D'aucune tache empreinte en sa beauté:
Vn teint vermeil, & frais comme l'Aurore,
Lors qu'elle vient des riuages du More,
Sur ton visage a semé tant d'appas,
Qu'il faut t'aymer, ou bien ne te voir pas.
Amour sçachant de quels traicts est pourueuë
Ceste beauté, s'est faict oster la veuë:
Il n'ose point hazarder ses esprits
A la mercy du charme qui m'a pris:
Et tel qu'il est, imperieux & braue,
Il meurt de peur de deuenir esclaue.
O cher tyran des hommes & des Dieux,
Aueugle toy de grace encore mieux;
Demeure ainsi dans ta premiere crainte,
Et ne la vois iamais viue ny peinte:
Tu ne sçaurois regarder vn moment
De ses beautez l'ombre tant seulement,
Sans t'embraser, sans trouuer la ruyne
De ton Empire en leur flame diuine.

Que si l'effort de ton cœur indompté
De ses appas sçauoit ta liberté,
Tu te plaindrois d'auoir l'ame trop dure,
Et maudirois ta force & ta nature:
Car le bon-heur d'aymer en si bon lieu,
Passe sa gloire & le repos d'vn Dieu.
Que penses tu que le soleil est aise,
Lors qu'vn rayon de sa clarté la baise;
Lors que Phillis regarde son flambeau
D'vn air ioyeux, le iour en est plus beau:
Et quand Phillis luy fait mauuais visage,
Le iour est triste & chargé de nuage:
L'air glorieux de former ses souspirs
Entre en sa bouche, auecques des zephirs
Tous embausmés de roses de l'Aurore
Et tous couuerts des richesses de Flore,
Zephir doux vent, doux createur des lys,
S'il te souuient encores de Phillis,
Ranime-là, fais tant qu'elle reuienne
Pour te baiser, & me laisse la mienne.
Mais les discours qu'on nous à faict de toy,
En mon esprit n'ont iamais eu de foy:
Ton feint amour, tes fausses aduantures
Ne sont que vent, & que vaines figures:
Mais il est vray que ie suis bien atteinct,
Et que mon mal ne sçauroit estre feinct.
Que pleust aux Dieux que le discours des fables,
Trouuast en moy ses effects veritables,
Et que le sort me voulust transformer

V

En quelque obiect qui ne sceust rien aymer:
Que ie mourusse, ou qu'il me fust possible,
De deuenir vne chose insensible,
Vn vent vne ombre, vne fleur, vn rocher,
Qu'aucun desir ne peust iamais toucher.
O vous amans qui n'estes plus en vie,
Esprits heureux qui n'estes plus en vie,
La bas noyant vos maux en vos erreurs,
Vous trouuez bien plus douces vos fureurs.
Tristes forçats qui remplissez ce gouffre,
Souffrez vous bien les peines que ie souffre?
Pasles subiects des eternelles nuicts,
Estes vous bien aussi morts que ie suis?
O mon fidelle & mon triste Genie,
Quand tu verras ma trame desunie
Et que mon ame ira toucher les bords
De la riuiere où passent tous les morts;
Volle au deserts où ma Phillis demeure,
D'y luy qu'en fin le Ciel veut que ie meure,
Que la rigueur de mon iniuste sort
Consent enfin de me donner la mort.
Tu la verras peut estre vn peu touchee,
Et de ma mort aucunement faschee.
Va donc Genie, il est temps de partir
Vois que mon ame est preste de sortir.
Mais mon Genie arreste toy, ie resue,
Ceste douleur me donne vn peu de trefue,
I'entends Phillis, son visage me rit,
Le souuenir de ses yeux me guerit,

Comment, mourir; non reprenons courage,
Vn teinct plus vif remonte en mon visage,
Ma force esteincte est preste à s'animer,
Et tout mon sang vient à se r'allumer.
Amour m'esmeut, ie ne suis plus si blesme,
Phillis m'ayma que i'estois tout de mesme:
Car ie sçay bien qu'encor elle verroit
En mes regards des traits qu'elle aymeroit.
Que si l'excez de ma douceur fatale
Rend quelquefois ce corps hydeux & pasle,
Cela, Phillis deuroit plus animer:
Ce beau desir qui te pousse à m'aymer:
Mon mal me rend ainsi desagreable,
Pour trop aymer ie deuiens moins aymable,
Ton œil me rend, ou plus laid, où plus beau,
Comme il m'approche, ou tire du tombeau.

EN fin guery d'vne amitié funeste,
A mon esprit desormais il ne reste
Qu'vn sentiment de iuste desplaisir,
D'auoir languy d'vn si mauuais desir;
Bien malheureux d'auoir dans la pensee
Le souuenir de ma fureur passee
Qui fut honteuse, & dont ie m'en repens,
Doresnauant plus sage à mes despens:
Que si iamais mon iugement s'oublie,
Iusqu'à rentrer en semblable folie,
Dieux qui vengez les crimes des humains,
Punissez moy si vous auez des mains,

Si vous auez pouuoir sur la tempeste,
Ne la poussez ailleurs que sur ma teste.
Et vous beaux yeux plus aymez que le iour,
Qui remplissez tous mes esprits d'Amour,
Pour penitence octroyez moy de grace,
Mourant pour vous, que mon peché s'efface,
Que ie reprenne en vos diuins appas
D'vn lasche crime vn glorieux trespas:
Et quand mon ame en vos liens captiue
Pour mieux souffrir obtiendra que ie viue,
Que le regret d'auoir esté si sot,
Et sans le bien de vous seruir plustost,
Chaque moment reproche à mon courage
Le deshonneur de mon premier seruage.
Faictes le donc beaux yeux, ie le consens:
Mais ie demande vn mal que ie ressens:
Ie suis desia dans ce supplice mesme
Prest de mourir depuis que ie vous ayme,
Le souuenir d'auoir porté des fers;
Si malheureux me tient dans les enfers.
A chaque fois que ce bel œil m'enuoye
Ses doux regards pleins d'honneur & de ioye,
Où Venus rit, où ses petits Amours
Passent le temps à se baiser tousiours;
Les vains souspirs d'vne contraincte flame,
Me font ainsi discourir en mon ame.
Pauure abusé que i'eus mauuais conseil,
Que i'ay bien pris la nuict pour le Soleil,
Que mon esprit fut autrefois facile,

Que l'erreur me trouua bien docile,
Que ie feus lourd, que ie feus infensé,
Mon iugement en est tout offensé:
Les faux attraits à qui ie fais hommage
Qu'ont ils d'esgal à ce diuin visage?
Ce n'est qu'horreur au pris de ta beauté,
A qui ie viens donner ma liberté.
Dieux que l'Amour estoit bien en cholere,
De m'obliger au soucy de luy plaire;
Que mes destins sont bien mes ennemys,
Qui m'ont trahi de me l'auoir permis.
Vous qui m'ostez ceste mauuaise enuie,
Qui banissez la honte de ma vie,
Chere Amaranthe, à qui ie dois le bien
D'auoir rompu cest infame lien,
Gardez qu'Amour ne me soit plus contraire,
Que mon destin ne soit mon aduersaire.
Dictes aux Dieux, vous qui les gouuernez
Et leur esprit en vos yeux retenez,
Que si mon ame est encores capable
D'vn autre Amour si lasche & si coulpable,
Ils n'auront point de tonnerre si fort,
Qui ne me donne vne trop douce mort.
Mais ou l'Amour troueroit-il des armes?
Quelle beauté luy fournira des charmes,
Pour desgager encores mes esprits
Des beaux liens où ie demeure pris?
Autre que vous, n'a rien que ie desire,
Vous estes seule au monde que i'admire:

V iij

Ie vous adore, & iure vos beaux yeux,
Qu'un Paradis ne me plairoit pas mieux.
Que si mes vœux rendoient iamais possible
Qu'à vos regards mon ame feut visible;
Vous y verriez les plus beaux mouuemens
Qu'amour iamais feit naistre à des amans,
Vous y verriez la douce frenaisie
Dont vous auez ma volonté saisie;
Mille pensers à vos yeux incognus
D'vn grand respect iusqu'icy retenus:
Vous y verriez vn cœur sans artifice,
Se presentans luy-mesme en sacrifice,
Et qui se croit mourir assez heureux,
Si vous croyez qu'il feist bien l'amoureux.
Il est trop vray, ma peine est assez claire,
Et c'est en vain que ie la pense taire.
Qui ne cognoist à mes yeux languissans;
A mes souspirs sans cesse rauissans,
Qu'vne fureur secrette me deuore,
Que ie n'ay sceu vous descouurir encore?
Bien que pressé de ne la plus celer,
Aupres de vous ie ne sçaurois parler.
Ce que ie voy reluire en ce visage
Me faict faillir la voix & le courage:
Mais si ie puis iamais me r'asseurer,
Ou si ie puis en fin moins souspirer,
Ie parleray, ie vous diray ma peine,
Qu'autre que moy iugeroit inhumaine:
Mais que ie sens plus douce mille fois,

que ie ne croy la fortune des Roys.

AVßi souuent qu'amour faict penser à mon ame
Combien il mit d'attraits dans les yeux de ma Dame.
Combien c'est de l'honneur d'aymer en si bon lieu,
Ie m'estime aussi grand & plus heureux qu'vn (Dieu,
Amaranthe, Phillis, Caliste, Pasithee;
Ie hay ceste mollesse à vos noms affectee;
Ces titres qu'on vous fait auecques tant d'appas,
Tesmoignēt qu'en effect vos yeux n'en auoiēt pas.
Au sentiment diuin de ma douce furie,
Le plus beau nom du monde est le nom de Marie,
Quelque soucy qui m'ayt enuelopé l'esprit,
En l'oyant proferer, ce beau nom me guerit,
Mon sang en est esmeu, mon ame en est touchee
Par des charmes secrets d'vne vertu cachee:
Ie la nomme tousiours, ie ne m'en puis tenir,
Ie n'ay dedans le cœur autre ressouuenir.
Et ne cognois plus rien, ie ne voy plus personne,
Pleust à Dieu qu'elle sceust le mal qu'elle me donne
Qu'vn bon Ange voulust examiner mes sens,
Et qu'il luy rapportast au vray ce que ie sens,
Qu'amour eust prins le soing de dire à ceste belle,
Si ie suis vn moment sans souspirer pour elle;
Si mes desirs luy font aucune trahison,
Si ie pensay iamais à rompre ma prison.
Ie iure par l'esclat de ce diuin visage,

V iiij

Que ie serois marry de deuenir si sage.
En l'estat ou ie suis aueugle & furieux,
Tout bon aduis me chocque & m'est iniurieux,
Quand le meilleur amy que ie pourrois auoir,
Touché du sentiment de ce commun deuoir,
A m'oster cét Amour employeroit sa peine,
Il n'auroit trauaillé que pour gaigner ma hayne:
En telle bien-veillance vn Dieu m'offenceroit,
Et ie me vengerois du bien qu'il me feroit.
Qui me veut obliger, il faut qu'il me trahisse,
Qu'il prenne son plaisir à voir que ie perisse.
Honorez mes fureurs, vantez ma lascheté,
Mesprisez deuant moy l'honneur, la liberté;
Consentez que ie pleure, aymez que ie souspire,
Et vous m'obligerez de plus que d'vn Empire.
Mais non, reprochez moy ma honteuse douleur,
Dictes combien l'Amour m'apporte de malheur;
Que pour vn faux plaisir ie perds ma renommee,
Que mes esprits n'ont plus leur force accoustu-
    mee;
Que ie deuiens fascheux, sans courage, & brutal:
Bref que pour cet amour tout m'est rendu fatal.
Faictes le pour tuer l'ardeur qui me consume,
Car ie cognois qu'ainsi ma flame se r'alume;
Plus on presse mon mal, plus il fuit au dedans,
Et mes desirs en sont mille fois plus ardans.
A l'abord d'vn censeur ie sens que mon martyre,
De dépit & d'horreur dans mes os se retire.
Amour ne faict alors que renforcer ses traicts,

Si donne à ma maistresse encores plus d'attraits.
Ainsi ie treuue bon que chacun me censure,
Affin que mon tourment d'auantage me dure.
Pour conseruer mon mal ie fais ce que ie puis,
Et me croyant heureux sans doute ie le suis:
Ie ne recherche point de Dieux, ny de fortune,
Ce qu'ils font ou dessous, ou par dessus la Lune,
Pour le bien des mortels: tout m'est indifferent,
Excepté le plaisir que ma peine me rend.
Ie croy que mon seruage est digne de louange,
Ie croy que ma maistresse est belle comme vn Ange,
Qu'elle merite bien d'auoir lié ma foy,
S'il est vray que son ame ayt de l'amour pour moy:
Elle me l'a iuré, la promesse est vn gage,
Où la foy tient le cœur auec le langage.
Ie suis bien peu deuot d'auoir quitté ses yeux,
Ie suis trop nonchalant d'vn bien si precieux.
Ie ne deurois iamais esloigner ce visage,
Qu'apres que de mes sens i'auray perdu l'vsage,
Aussi bien mes esprits loin de ses doux regards,
N'ont que melancholie, & mal de toutes parts:
Le seul ressouuenir des beautez de ma Dame,
Est l'vnique entretien qui resiouyt mon ame.
Mais si les immortels me font iamais auoir,
Au moins auant mourir, l'honneur de la reuoir;
Quelque necessité que le Ciel me prescriue,
Quelque si grand malheur que iamais m'en arriue,
Ie me suis resolu d'attendre que le sort

Aupres de ses beautez fasse venir ma mort.
Si tandis ie souffrois le coup des destinees,
I'aurois bien du regret à mes ieunes annees,
Mon ombre ne feroit qu'iniurier les Dieux,
Et plaindre incessamment l'absence de vos yeux.

ELEGIE.

Mon ame est triste, & ma face abbatuë,
Ie n'en puis plus, ta disgrace me tuë:
Croy que ie t'ayme, & que pour te fascher,
I'ay ton plaisir & mon repos trop cher;
Que si ie viens iamais à te desplaire,
Ie ne veux point que le Soleil m'esclaire;
Et si les Dieux ont si peu de pitié
Que de m'oster vn iour ton amitié,
Il ne faut point d'autre coup de tonnerre,
Pour me bannir du Ciel & de la terre.
Hier pressé bien fort de ma douleur,
En souspirant mon innocent malheur,
Ie suppliois Lisandre de te dire,
Que ton courroux au desespoir me tire,
Et si bien tost il ne s'en va cesser,
Tu n'auras plus à qui te courroucer:
Car mon esprit consommé de ta hayne
Ne peut souffrir dauantage de peine.
Sans plus de mal, ie cognois bien pourquoy,
Ton doux regard s'est destourné de moy,
Et que ma faute est assez pardonnable,

Ou tu rendras ton amitié coulpable,
Voy donc de grace, auant que te venger,
Que ton amour, ou mon crime est leger,
Que i'ay du droict assez pour me deffendre,
Si tu ne prens plaisir de me reprendre:
Car en tel cas ie me veux accuser,
Et mon pardon moy-mesme refuser,
Ie diray tout pour flatter ta colere;
I'ay si tu veux assasiné mon pere,
Mesdit des Dieux empoisonné l'Autel,
I'ay plus failly que ne peut vn mortel:
Mais si iamais tu me donnois licence
De te presser à bien voir mon offence,
Ie iugerois que ie suis trop puny,
Pour vn moment de ta grace banny.
Lors que le Ciel de tes faueurs me priue,
Comment crois tu mon Ange que ie viue?
Ce qui me plaist de tous costez me fuit,
En toutes parts tout me chocque & me nuict;
Ie ne voy rien que des obiects funebres,
Comme mes yeux, mon ame est en tenebres:
Mon ame porte vn vestement de dueil,
Tous mes esprits sont comme en vn cercueil:
Lors ma memoire est toute enseuelie,
Mon iugement suit ma melancolie:
Tantost ie prends le soir pour le matin,
Tantost ie prends le Grec pour le Latin:
Soyt vers, ou prose à quoy que ie trauaille
Ie ne puis rien imaginer qui vaille.

Prends en pitié, redonne la clarté
A mon esprit, rends luy la liberté.
Que me veux tu ? ie confesse mon crime,
I'ay merité que le foudre m'abysme.
Puis qu'il te plaist ie t'ay manqué de foy,
Ie me repens, & ie ne sçay pourquoy.
Il est bien vray qu'aux yeux du populaire
Ce que i'ay faict paroistra temeraire,
Et me traictant comme vn esprit abiect,
Ce long courroux semble auoir du subiect.
Mais si tu veux considerer encore
Ce que ie suis, à quel point ie t'honore,
A quel degré mon amitié s'estent,
Ce souuenir ne t'ennuira pas tant;
Ie ne veux point m'ayder de mon merite,
Pour excuser ma faute qui t'irrite,
Ny mandiant vn estranger appuy
Deuoir ma paix à la fureur d'autruy:
Il ne faut point qu'autre que moy te trace
Honteusement vn retour à ta grace:
Si c'est Lisandre à qui ie dois ce bien,
Mon repentir ne m'a seruy de rien;
Si c'est luy seul pour qui tu me pardonnes,
C'est desormais à luy que tu me donnes,
Et que tu veux laisser à sa mercy,
De me sauuer & de me perdre aussi.
Mais s'il te reste encores quelque flame,
Des beaux desirs que ie t'ay veu dans l'ame.
Si tu n'as point perdu ceste bonté,

Si tu n'as point changé de volonté.
Ie suis certain que tu seras bien aise,
Qu'autre que toy ton cœur ne me rapaise:
Et ie serois marry qu'autre que nous,
Eust iamais sceu ma faute, & ton courroux.
Tu me diras que ta hayne estoit feinte,
Qu'en ce despit mon ame estoit contrainéte.
Que tu voulois esprouuer seulement,
Si ton courroux me pressoit mollement;
Si le refus de ta douce caresse,
M'obligeroit à changer de maistresse:
Lors par le Ciel, par l'honneur de ton nom,
Par tes beaux yeux ie iureray que non,
Que l'amitié de tous les Roys du monde,
Tous les presens de la terre & de l'onde,
L'amour du Ciel, la crainte des enfers,
Ne me sçauroient faire quitter mes fers:
Ne me sçauroient arracher le courage,
Ce bel esprit & ce diuin visage.
Comme les cœurs se plaisent à l'amour,
Comme les yeux sont aises d'un beau iour,
Comme vn printemps tout l'Vniuers recree;
Ainsi l'esclat de ta beauté m'agree.
L'eau de la Seine arrestera son flux,
Le temps mourra, le Ciel ne sera plus,
Et l'vniuers aura changé de face,
Auparauant que cett' humeur me passe.

ODE.

L'Infidelité me deplait
Et mon amour iuge qu'elle est
Le plus noir crime de la terre.
Lors que les Dieux firent venir
Les premiers esclats du tonnerre,
Ce ne fut que pour la punir.

La Deesse qui fait aymer,
Des flots de l'inconstante mer
Sortit à la clarté du monde.
Or Venus si ton doux flambeau
Fust venu d'ailleurs que de l'onde,
Sans doute il eut esté plus beau.

Ce qu'un hyuer a faict mourir,
Vn Printemps le faict refleurir,
Le Destin change toute chose,
Mon amitié tant seulement,
Vos beaux lys & vos belles roses
Dureront eternellement.

ODE.

EN fin mon amitié se lasse,
Ie suis forcé de me guerir,
L'amour qui me faisoit perir
Tous les iours peu à peu se passe.
I'ay r'appellé mon iugement,

J'ay fait vœu d'aymer sagement,
Ie rougis de ma seruitude,
Et proteste deuant les Dieux
Que ie hay ton ingratitude
Plus que ie n'ay chery tes yeux.

Ie n'ay plus le soing de te plaire,
Mes charmes sont esuanouis,
Desormais ie me resiouis
De ta haine & de ta cholere.
Ceste lascheté d'endurer
Ne me sçauroient guere durer:
Ie veux estre exempt de souffrance
Aussi bien que toy de pitié,
Et viure auec l'indifference
Dont tu traictes ton amitié.

Iamais douleur insuportable
Iusques à mon mal n'empira:
Iamais esprit ne souspira
D'vn trauail si peu profitable
Ie vis trop amoureusement,
Ie sers trop malheureusement,
Ma belle ne veut point entendre,
Le mal qu'elle me faict sentir,
Et me deffend de rien pretendre
Que la honte & le repentir.

O mes Dieux, ô mon influence,
Regardez la peine où ie suis:
Sans faire vn crime ie ne puis
Esperer vne recompense,

O Dieux qui gouuernez nos cœurs,
Si vous n'estes des Dieux moqueurs:
Ou des Dieux sans misericorde,
Remettez moy dans ma maison;
Ou faites en fin qu'on m'accorde
Ou la mort, ou la guerison.

ODE.

IE n'ay repos ny nuict ny iour,
Ie brusle, ie me meurs d'amour,
Tout me nuit, personne ne m'ayde,
Le mal m'oste le iugement,
Et plus ie cherche de remede,
Moins ie trouue d'allegement.

Ie suis desesperé, i'enrage,
Qui me veut consoler m'outrage,
Si ie pense à ma guarison
Ie tremble de ceste esperance,
Ie me fasche de ma prison,
Et ne crains que ma deliurance.

Orgueilleuse & belle qu'elle est
Elle me tue, elle me plaist,
Ses faueurs qui me sont si cheres,
Quelquesfois flattent mon tourment,
Quelquesfois elle à des choleres
Qui me poussent au monument.

Mes amoureuses fantasies,

Mes passions,

les passions, mes frenaisies,
Qu'ay-ie plus encore à souffrir?
Dieux, Destins, Amour, ma Maistresse,
Ne dois-ie iamais ny guerir,
Ny mourir du trait qui me blesse?
Mais suis-ie point dans vn tombeau,
Mes yeux ont perdu leur flambeau,
Et mon ame Iris la reuie,
Encor voudrois-ie que le sort,
Me fist auoir plus d'vne vie,
Affin d'auoir plus d'vne mort.
 Pleust aux Dieux qui me firēt naistre,
Qu'ils eussent retenu mon estre
Dans le froid repos du sommeil,
Qu ce corps n'eust iamais eu d'ame,
Et que l'amour ou le Soleil
Ne m'eussent point donné leur flame.
 Tout ne m'apporte que du mal,
Mon propre demon m'est fatal,
Tous les Astres me sont funestes,
I'ay beau recourir aux autels,
Ie sens que pour moy les celestes,
Sont foible comme les mortels.
 O Destins tirez moy de peine,
Dittes moy si ceste inhumaine
Consent à mon affliction;
Ie beniray son iniustice,
Et n'auray d'autre passion,
Que de courir à mon supplice.

X

Las! ie ne sçay ce que ie veux,
Mon ame est contraire à mes vœux,
Ce que ie crains ie le demande,
Ie cherche mon contentement,
Et quand i'ay du mal i'apprehende,
Qu'il finisse trop promptement.

ODE.

Dis moy Thyrsis sans vanité,
Remarques tu que la beauté,
Qui tient ton esprit & ta vie,
Ayt pour toy quelque peu d'amour!
Cognois tu bien qu'elle ayt enuie
De te le tesmoigner vn iour?

Elle est si parfaicte & si belle,
Que sans blasme d'estre cruelle,
Elle peut destourner ses yeux
Des mortels, & de leurs offrandes,
Et mesme refuser aux Dieux,
L'amitié que tu luy demandes.

Mais faut-il aussi aduouer,
Que tout ce qu'on sçauroit louer
En tes perfections abonde,
Et qu'elle se doit estimer
La premiere beauté du monde,
Pource que tu la veux animer.

S'il est vray qu'vne mesme flame
Vous ait mis des desirs dans l'ame,

pte loue d'estre amoureux,
Tu fais bien d'essuyer tes larmes,
Et de te croire bien heureux
Depuis qu'on a quitté les armes.
   Que ton amour eut de profit,
Du monstre que le Roy defit,
Tout le monde alloit à la guerre,
Et chacun s'estonnoit, de voir
Le plus braue homme de la terre
Si paresseux à ce deuoir.
   Ie disois pallissant de honte:
Il n'a qu'vne valeur trop prompte,
Mais ce courage est endormy,
C'est en vain que l'honneur le presse,
Il hayt trop peu cet ennemy,
Et cherit trop ceste maistresse.

ODE.

VN corbeau deuant moy croasse,
   Vne ombre offusque mes regards,
Deux bellettes, & deux renards,
Trauersent l'endroit où ie passe:
Les pieds faillent à mon cheual,
Mon laquay tombe du haut mal,
I'entends craqueter le tonnerre,
Vn esprit se presente à moy,
I'oy Charon qui m'appelle à soy,
Ie voy le centre de la Terre.

Ce ruisseau remonte en sa source,
Vn bœuf grauit sur vn clocher,
Le sang coule de ce rocher,
Vn aspic s'accouple d'vne ourse,
Sur le haut d'vne vieille tour,
Vn serpent dechire vn vautour,
Le feu brusle dedans la glace
Le Soleil est deuenu noir
Ie voy la Lune qui va choir,
Cet arbre est sorty de sa place.

SONNET.

SI i'estois dans vn bois poursuiuy d'vn lion,
Si i'estois à la mer au fort de la tempeste,
Si les Dieux irritez vouloient presser ma teste
Du faix du mont Olympe & du mont Pelion.

Si ie voyois le iour qui veit Deucalion,
Où la mort ne cuida laisser homme ny beste,
Si pour me deuorer ie voyois toute preste,
La rage des flambeaux qui brusloient Ilion.

Ie verrois ces danger auecques moins d'ennuy
Que les maux violents que ie souffre auiourd'huy,
Pour vn mauuais regard que m'a donné mon Ange,
Ie voy desia sur moy mille foudres pleuuoir,
De la mort de son fils Dieu contre moy se venge
Depuis que ma Philis se fasche de me voir.

SONNET.

Les Parques ont le teint plus gay que mon visage.
Ie croy que les damnez sont plus heureux que moy:
Aussi le vieux tyran qui leur donne la loy,
Des peines que ie sens n'a iamais eu l'vsage.
Les iours les plus serains pour moy sont pleins d'orage.
Les obiects les plus beaux pour moy sont pleins d'effroy,
Et du plus doux accueil que me fasse le Roy,
Mon esprit incensé croit souffrir vn outrage.
Ton iniuste m'espris m'a faict ceste douleur,
Depuis incessamment ie resue à mon malheur,
Et rien plus que la mort ne me peut faire enuie,
Voyez si mon malheur s'obstine à me punir,
Ie pense que la mort refuse de venir,
Pource qu'elle n'est point si triste que ma vie.

SONNET.

Qvi que tu sois bien grand & bien heureux sans doute,
Puis que Deheins en parle, & qu'il t'estime tant
Voy la trouppe des Sœurs, qui se disposent toute,

A courre auecques toy sur l'Empire flotant.
　Thetis ne frappera ta nef qu'en la flattant,
Tu choisiras les vents, & la celeste voute,
De tous ces feux ioyeux sur ton chef esclattant,
Caressera tes yeux, & guidera ta route.
　Quelque terre incognue où tu viendras à bord,
Ses vers cognus par tout seront ton passeport:
Mais non ne les prends pas auecque toy dãs l'onde
Le Soleil qui ne veit iamais rien de si beau,
Enchanté parmy nous s'amuseroit dans l'eau,
Et d'vne longue nuict aueugleroit le monde.

SONNET.

Ton orgueil peut durer au plus deux ou trois
　　ans:
Apres ceste beauté ne sera plus si viue,
Tu verras que ta flame alors sera tardiue,
Et que tu deuiendras l'obiect des mesdisans.
　Tu seras le refus de tous les Courtisans,
Les plus sots laisseront ta passion oysiue,
Et tes desirs honteux d'vne amitié lasciue
Tenteront vn valet à force de presens.
　Tu chercheras à qui te donner pour maistresse,
On craindra ton abord, on fuira ta caresse,
Vn chacun de par tout te donnera congé,
Tu reuiendras à moy, ie n'en feray nul compte,
Tu pleureras d'amour, ie riray de ta honte:

rs tu seras punie, & ie seray vengé.

SONNET.

Vos rigueurs me pressoient d'une douleur si forte,
Que si vostre present receu si cherement,
Encor un iour ou deux eust tardé seulement,
Vous n'eussiez obligé qu'une personne morte.
Iamais esprit ne fut trauaillé de la sorte,
Tout ce que ie faisois aigrissoit mon tourment,
Et pour me secourir i'essayois vainement,
Tout ce que la raison aux plus sages apporte.
En fin ayant baisé dans ce don precieux
La trace de vos mains, & celle de vos yeux,
I'ay repris ma santé plus qu'à demy rauie.
Cloris vous estes bien maistresse de mon sort:
Car ayant eu pouuoir de me donner la vie,
Vous auez bien pouuoir de me donner la mort.

SONNET.

Depuis qu'on m'a donné licence d'esperer,
Ie me trouue obligé d'aymer ma seruitude
Ie n'accuseray plus Cloris d'ingratitude,
Puis qu'elle me permet l'honneur de l'adorer.
Ie croy qu'apres cela tout me doit prosperer,

Que mon amour sera franc de solicitude,
Et que le sort humain n'a point d'inquietude,
Dont mes felicitez se puissent alterer.

I'espere desormais de viure sans enuie,
Parmy tous les plaisirs que peut donner la vie,
Ie voy mes plus grands maux entierement gueris.
Mon ame mocque toy des feux que tu souspires,
I'espere des thresors, i'espere des Empires,
Et si n'espere rien que de seruir Cloris.

SONNET.

ME dois-ie taire encor Amour, qu'elle ap-
parence?
Iamais esprit ne fut forcé comme le mien:
Il faut ou denoüer, ou rompre ce lien,
Et d'vn dernier effort tenter ma deliurance.

Trop de discretion nuit à mon esperance:
En fin ie veux sçauoir, ou mon mal, ou mon bien,
Et quitter ce respect qui ne sert plus de rien,
Que d'vn sot exercice à ma perseuerance.

Mon amour ne veut plus seruir si laschement,
Elle ostera bien tost ce foible empeschement,
Bien plus ne me sçauroit obliger à me taire,

Phillis se rit d'vn mal qu'elle me voit celer,
Et me iuge vn enfant qui ne sçauroit rien faire,
Puis que comme vn enfant ie ne sçaurois parler.

SONNET.

L'Autre iour inspiré d'vne diuine flame,
J'entray dedans vn temple, où tout religieux,
Examinant de prés mes actes vitieux,
Vn repentir profond faict souspirer mon ame.
  Tandis qu'à mon secours tous les Dieux ie reclame,
Ie voy venir Phillis : quand i'apperceus ses yeux,
Ie m'escriay tout haut : Ce sont icy mes Dieux,
Ce temple & cet autel appartient à ma Dame.
  Les Dieux iniuriez de ce crime d'Amour
Conspirent par vengeance à me rauir le iour;
Mais que sans plus tarder leur flame me confonde.
  O mort, quand tu voudras ie suis prest à partir;
Car ie suis asseuré que ie mourray martir,
Pour auoir adoré le plus bel œil du monde.

SONNET.

SI quelquesfois Amour permet que ie respire,
Et que pour vn moment i'escoute ma raison,
Mon esprit aussi tost pense à ma guarison.
Taschant de m'affranchir de ce fascheux Empire.

Il est vray que mon mal ne peut deuenir pire,
Qu'vn esclaue seroit honteux de ma prison,
Et que les plus damnez à ma comparaison
Trouueroient iustement des matieres pour rire.

Cloris d'vn œil riant, & d'vn cœur sans re-
mords,
Me tient dans les tourmens pires que mille morts,
Sans espoir que iamais sa cruauté s'amende.

Helas! apres auoir à mes douleurs songé,
Ie voudrois me resoudre à demander congé:
Mais i'ay peur d'obtenir le don que ie demande.

SONNET.

Quelque si doux espoir où ma raison s'apuye,
Vn mal si descouuert ne se sçauroit cacher;
I'emporte malheureux, quelque part où ie fuie,
Vn trait qu'aucun secours ne me peut arracher.

Ie viens dans vn desert mes larmes espancher,
Où la terre languit où le Soleil s'ennuye,
Et d'vn torrent de pleurs qu'on ne peut estan-
cher
Couure l'air de vapeurs, & la terre de pluye.

Parmy ces tristes lieux trainant mes longs regrets
Ie me promene seul dans l'horreur des forests,
Où le funeste orfraye, & le hibou se perchent,

Là le seul reconfort qui peut m'entretenir,
C'est de ne craindre point que les viuans me cl
chent,

où le flambeau du iour n'osa iamais venir.

SONNET.

IE passe mon exil parmy de tristes lieux,
Où rien de plus courtois qu'un loup ne m'auoisine,
Où des arbres puants formillent d'Escurieux,
Où tout le reuenu n'est qu'un peu de resine.
    Où les maisons n'ont rien plus froid que la cuisine,
Où le plus fortuné craint de deuenir vieux,
Où la sterilité faict mourir la lesine.
Où tous les Elemens sont mal voulus des Cieux.
    Où le Soleil contrainct de plaire aux destinees,
Pour estendre mes maux alonge ses iournees,
Et me fait plus durer le temps de la moitié :
Mais il peut bien changer le cours de sa lumiere,
Puis que le Roy perdant sa bonté coustumiere
A destourné pour moy le cours de sa pitié,

SONNET.

COurtisans qui passez vos iours dãs les delices
Qui n'esloignez iamais la demeure des Roys.
Qui ne sçauez que c'est de la rigueur des loix,
Vous seuls à qui le Ciel a caché ses malices :

Si vous trouuez mauuais qu'au fort de mes sup-
    plices,
Les souspirs & les pleurs m'eschappent quelquefois
Parlez à ces rochers, venez dedans ces bois,
Qui de mon desespoir vont estre les complices.

Vous verrez que mes maux sont sans cōparaison
Et que i'inuoque en vain le temps, & la raison
Aux tourmens infinis que le destin m'ordonne:
Ie sens de tous costez mon espoir assailly ;   (ne
Pourquoy veux-ie esperer aussi qu'on me pardon-
On ne pardonne point à qui n'a point failly.

SONNET.

Esprits qui cognoissez le cours de la nature
Vous seuls à qui le Ciel apprend sa volonté,
Et dont les sentimens trouuent de la clarté
Dans la plus noire nuict d'vne chose future.

Celestes qui voyez mon ame à la torture,
Qui sçauez le dedale ou le sort m'a ietté?
Quand est-ce que ie dois r'auoir ma liberté?
Dictes moy qui de vous entend mon aduanture?

Ange qui que tu sois, vueille songer à moy:
Et lors que tu seras de garde aupres du Roy,
De qui le cœur deuot est tousiours en priere,

Arreste moy le cours de son inimitié,
Et dis luy que s'il veut exercer sa pitié,
Il n'en trouua iamais de si belle matiere.

SONNET.

Vous dont l'ame diuine aspire aux choses sainctes,
Et que le Ciel a fait l'obiect de son amour:
Verserez vous des pleurs, & ferez vous des plainctes,
Quand pour l'amour de Dieu vous laisserez le iour?
Les coulpables esprits ont tousiours mille craintes
Lors qu'il leur faut quitter ce vicieux seiour,
Et leurs yeux criminels auecques des contrainctes;
Approchent de l'esclat de la celeste Cour.
 Mais vostre espoux, qui sceut parfaictement bien viure
S'est pleu dans les assauts que le trespas nous liure
Il est dedans le Ciel, où vous irez aussi,
Il est où vos pensers incessamment seiournent:
Pourquoy donc voulez vous que ses esprits retournent;
Il sont plus auec vous que s'ils estoient icy.

EPIGRAMME.

CEste femme a fait comme Troye;
De braues gens sans aucun fruict
Furent dix ans à ceste proye,
Vn cheual ny fut qu'vne nuict.

EPIGRAMME.

IE doute que ce fils ne prospere,
Mars & l'Amour en sont ialoux,
Pource qu'il est beau comme vous,
Et courageux comme son Pere.

EPIGRAMME.

GRace à ce Comte liberal,
Et à la guerre de Mirande:
Ie suis Poëte & Caporal,
O Dieux que ma fortune est grande!
O combien ie reçois d'honneur
Des sentinelles que ie pose!
Le sentiment de ce bon heur
Faict que iamais ie ne repose:
Si ie couche sur le paué,

Ie n'en suis que plustost leué
Parmy les trouppes de la guerre,
Ie n'ay point un repos en l'air:
Car mon lict ne sçauroit branler
Que par un branlement de terre.

A MONSIEVR DV FARGIS.

IE ne m'y puis resoudre, excuse moy de grace,
Escriuant pour autruy ie me sens tout de glace;
Ie te promis chez toy des vers pour un amant,
Qui se veut faire ayder à plaindre son tourment:
Mais pour luy satisfaire, & bien plaindre sa flame,
Ie voudrois parauant auoir cognu son ame.
Tu sçais bien que chacun a des gousts tout diuers,
Qu'il faut à chaque esprit une sorte de vers,
Et que pour bien renger le discours & l'estude,
En matiere d'amour ie suis un peu trop rude:
Il faudroit comme Ouide auoir esté picqué;
On escrit aysément ce qu'on a pratiqué,
Et ie te iure icy sans faire le farouche,
Que de ce feu d'amour aucun traict ne me touche;
Ie n'entends point les loix, ny les façons d'aymer,
Ny comment Cupidon se mesle de charmer:
Ceste diuinité des Dieux mesme adoree,
Ces traits d'or & de plomb, ceste trousse doree
Ces aisles, ces brandons, ces carqu...

Sont vrayement un mystere où ie ne pense pas.
La sotte antiquité nous a laissé des fables
Qu'un homme de bō sens ne croit point receuabl
Et iamais mon esprit ne trouuera bien sain
Celuy là qui se plaist d'un fantosme si vain,
Qui se laisse emporter à des confus mensonges,
Et vient mesme en veillant s'embarasser de song
Le vulgaire qui n'est qu'erreur, qu'illusion,
Trouue du sens caché dans la confusion,
Mesme des plus sçauans : mais non pas des plus
 sages,
Expliquent auiourd'huy ces fabuleux ombrages,
Autresfois les mortels parloient auec les Dieux,
On en voyoit pleuuoir à toute heure des Cieux:
Quelquesfois on a veu prophetiser des bestes,
Les arbres de Dodonne estoient aussi Prophetes,
Ces comptes sont fascheux à des esprits hardis,
Qui sentent autrement qu'on ne faisoit iadis.
Sur ce propos un iour i'espere de t'escrire,
Et prendre un doux loisir pour nous donner à
 rire;
Cependant ie te prie encore m'excuser,
Et me laisser ainsi libre à te refuser,
Me permettre tousiours de te fermer l'oreille,
Quand tu me prieras d'une faueur pareille,
Penses tu quand i'aurois employé tout un iour
A bien imaginer des passions d'Amour,
Que mes conceptions seroient bien exprimées
En paroles de choix, bien mises, bien rimées;

L'autre

L'autre n'y trouueroit possible rien pour luy,
Tant il est malaisé d'escrire pour autruy :
Apres qu'a son plaisir i'aurois donné ma peine,
Ie sçay bien que possible il loüeroit ma veine;
Vrayement ces vers sont beaux ils sont doux
   & coulants,
Mais pour ma passion ils sont vn peu trop lents;
I'eusse bien desiré que vous eussiez encore
Mieux loué sa beauté, car vraymēt ie l'honore;
Vous n'auez point parlé du frōt, ny des cheueux,
Ny de son bel esprit seul obiect de mes vœux :
Tant seulement six vers encor ie vous supplie:
Mon Dieu que de trauail vous donne ma folie!
Il voudroit que son front fust aux astres pareil,
Que ie la fisse ensemble & l'Aube, & le Soleil
Que i'escriue cōment ses regards sont des armes,
Comme il verse pour elle vn ocean de larmes.
Ces termes esgarez offencent mon humeur,
Et ne viennent qu'au sens d'vn nouice rimeur,
Qui reclame Phœbus; quant à moy ie l'abiure,
Et ne recognois rien pour tout que ma nature.

SVR LE BALET
DV ROY.

LE FORGERON
POVR LE ROY.

IE ne suis point industrieux
Comme ce Forgeron des Dieux,
Dont les subtilitez nuisibles
Pour vn chef-d'œuure de son art,
Dessoubs des filets inuisibles
Firent voir qu'il estoit cornard.

 Cet infame aux creux Aetneans
Dessus les tombeaux des Geans,
Enyuré de souffre & de flamme,
Forgeoit des armes pour autruy,
Cependant que Mars & sa femme
Faisoit des forgerons pour luy.

 Ie suis vn Forgeron nouueau,
Qui sans enclume & sans marteau
Forge vn tonnerre à ma parole,
Et du seul regard de mes yeux,
Fais partir vn esclair qui vole,
Plus puissant que celuy des Cieux.

 Les plus rebelles des humains
Subiuguez des traits de mes mains
Ont fait esmerueiller l'Europe,

Et Vulcan auoüé aisément
De n'auoir iamais veu Cyclopé
Battre le fer si rudement.

   Le dard qu'amour me fait forger,
Sans déplaisir & sans danger
Penetre au fond de la pensee.
Et la Dame qu'il veut toucher
En est si doucement blessee,
Qu'elle n'en peut hayr l'archer.

   Mais les fleches de mon courroux,
Fatales qu'elles sont à tous,
Font trembler le Dieu de la guerre,
Et rien ne l'a fait habiter
Dans vn Ciel si loing de la terre,
Que le soing de les éuiter.

POVR MONSEIGNEVR LE DVC DE LVYNE.

APOLLON EN THESSALIE

Esloigné du celeste Empire,
Et du siege de la clarté ;
N'attendez point que ie souspire :
Car les faueurs du Roy dont ie suis arresté,
Font que mon destin n'est pas pire,
Et que i'ay plus d'honneur, & plus de li-
   berté.

Au rauissement qui me reste
Parmy ces agreables lieux,
Ie croy que la maison celeste
Ne se doit point nommer la demeure des Dieux,
Pour moy ie la iuge funeste,
Et ce nouueau seiour me plaist mille fois mieux.

 Ce Prince à les vertus parfaictes,
Ses appas ont gaigné ma foy :
Iupiter faict bien les tempestes,
Et quoy que les mortels tremblent dessous sa loy,
On ne celebre point ses festes
Auec tant de respect qu'on sert ce ieune Roy.

 A voir comme quoy tout succede
A ses desseins aduantureux,
Et qu'on ne sçait point de remede
Pour ceux que sa cholere a rendu malheureux;
Sa faueur à qui la possede,
Rend le sort à son gré propice ou rigoureux.

VN BERGER PROPHETE.

IE vis dans ces lieux innocens,
Où les esprits les plus puissans
Quittant leurs grandeurs souueraines,
Suiuent ma prophetique voix
Dans le silence de nos bois,
Et dans le bruict de nos fontaines.
 Icy mon desir est ma loy,

Mon entendement est mon Roy,
Ie preside à mes aduentures :
Et comme si quelqu'vn des Dieux
M'eust presté son ame & ses yeux,
Ie comprends les choses futures.

 I'ay veu quand des esprits mutins
Sollicitoient nos bons destins
A quitter le soin de la France,
Et deuiné que leur mal-heur
Trouueroit dans nostre valeur
Le tombeau de leur esperance.

 Ie voy qu'vn ieune Potentat
Bornera bien tost son Estat
Du plus large tour de Neptune,
Et son bon-heur sans estre vain
Pourra voir auecques desdain
Les caresses de la fortune.

APOLLON CHAMPION.

Moy de qui les rayons font les traits du ton-
  nerre,
Et de qui l'Vniuers adore les Autels :
 Moy dont les plus grands Dieux redouteroient
  la guerre,
Puis-ie sans deshoneur me prendre à des mortels?
I'atiaque malgré moy leur orgueilleuse enuie,
Leur audace à vaincu ma nature & le sort

Car ma vertu qui n'est que pour donner la vie,
Est auiourd'huy forcé à leur donner la mort.
　I'affranchis mes Autels de ces fascheux obstacles
Et foulant ces brigands que mes traicts vont punir,
Chacun doresnauant viendra vers mes oracles,
Et preuiendra le mal qui luy peut aduenir.
　C'est moy qui penetrant la dureté des arbres
Arrache de leur cœur vne sçauante voix,
Qui fais taire les vēts, qui fais parler les marbres,
Et qui trace au destin la conduicte des Roys.
　C'est moy dont la chaleur donne la vie aux roses,
Et fais ressusciter les fruicts enseuelis,
Ie donne la duree & la couleur aux choses,
Et fais viure l'esclat de la blancheur des lys.
　Si peu que ie m'absente, vn manteau de tenebres,
Tiēt d'vne froide horreur Ciel & terre couuerts,
Les vergers les plus beaux sont des obiects funebres,
Et quād mon œil est clos tout meurt en l'Vniuers.

BALET.

Venus aux Reynes.

Lors que ie sortis de la mer
Moins couuerte d'eau que de flames
La beauté qui me fait aymer
Me destina Reyne des ames,
Et me dist que ie cederois
A vos yeux qu'elle a fait mes Roys.

Le Soleil monstrant son flambeau,
Par Cythere & par Amathonte,
Lors qu'il eut veu le mien si beau,
Il faillit à mourir de honte:
Mais vous emportez auiourd'huy,
L'auantage que i'eus sur luy.

L'estonnement qu'il eut aux Cieux,
Lors que ie me leuay de l'onde,
Ie le ressens deuant vos yeux,
Qui sont les plus beaux yeux du monde:
Astres des esprits bien-heureux,
Dont mes amours sont amoureux.

Mais petits amours, mes appas,
Et mes graces les plus parfaictes,
Belles Reynes sont-elles pas
Aux mesmes places où vous estes?
Ie sçay que veritablement
Vostre Cour est leur element.

Les bords de Cypre où mon Autel
Autresfois en si belle estime
M'auoit rendu chasque mortel
Tributaire d'vne victime,
Sont deserts a cause de vous,
Qui receuez les vœux de tous.
 Ces Princes qu'vn deuoir d'amour
Retenoit en ma seruitude,
Lassez d'vn si mauuais seiour
En ont faict vne solitude,
Et rendent à vos maiestez
Mon Empire & leurs libertez
 Leur cœur desgouté de mes loix,
Aussi bien que de mon visage,
Demande à captiuer des Roys
Quelque plus glorieux seruage:
Vous seules auez des liens
Plus honorables que les miens.
Vos beautez font qu'auec raison
Ces Princes m'ont esté rebelles,
Craignez la mesme trahison,
Quand vous ne serez plus si belles:
Mais si c'est par la seulement,
Ils sont serfs eternellement.

LES NAVTONNIERS.

Les amours plus mignars à nos rames se lient,
Les Tritons à l'enuy nous viennent caresser,

Les vents sont moderez, les vagues s'humilient
Par tous les lieux de l'ōde où nous voulons passer,
Auec nostre dessein va le cours des estoilles,
L'orage ne fait point blesmir nos matelots,
Et iamais Alcion sans regarder nos voiles
Ne commit sa nichee à la mercy des flots.
 Nostre Ocean est doux comme les eaux d'Euphrate,
Le Pactole & le Tage sont moins riches que luy,
Icy iamais nocher ne craignit le Pirate,
Ny d'vn calme trop long ne ressentit l'ennuy.
 Soubs vn climat heureux, loing du bruit du Tonnerre,
Nous passons à loisir nos iours delicieux,
Et là iamais nostre œil ne desira la Terre,
Ny sans quelque desdain ne regarda les Cieux.
 Agreables beautez pour qui l'amour souspire,
Esprouuez auec nous vn si ioyeux destin,
Et nous dirons par tout qu'vn si rare nauire
Ne fut iamais chargé d'vn si rare butin.

LES PRINCES DE CYPRE.

Les lieux que nous auons laissez
Sont beaucoup plus heureux qu'autres lieux de la terre,
Le degoust de la paix, ny la peur de la guerre
Iamais ne les a menacez.

Mars arriuant à la contree,
Que nostre esloignement conuertit en deserts,
Hait le fer & la flamme, & veut que les baisers
Fassent l'honneur de son entree.

Cypre ne se peut estimer,
Ses riuages feconds que Neptune enuironne,
Sont au milieu des flots la plus belle couronne
Que porte le Roy de la mer.

Cupidon y est sans malice:
Les plus grandes beautez ont le plus d'amitié;
Là iamais vn esprit qui manque de pitié
Ne sçauroit manquer de supplice.

Les plaisirs y sont en vigueur ;
La loy de l'Hymenee aux desirs asseruie
Dans le contentement de nostre douce vie
Ne mesla iamais sa rigueur.

Comme les Dieux en leur Empire
De tout ce qu'il nous plaist nous nous rendons es-
    pris;
Et pour vne beauté qui n'a que du mespris,
Iamais nostre ame ne souspire.

Ce qu'amour faict dessoubs les eaux,
Est vne loy pour nous que le Ciel mesme ordonne,
Accordant à nos feux la liberté qu'il donne
A l'innocence des oyseaux.

Autour de nos fontaines viues,
Toutes peintes d'azur, & de rayons du iour,
Les zephirs & les eaux parlẽt tousiours d'amour
Aux Nymphes de ces belles riues.

Noſtre Ciel eſt touſiours ſerain,
Noſtre ioyeux deſtin n'eſt iamais en diſgrace,
Et chez nous le Soleil ne void aucune trace
Du ſiecle de fer ny d'airain.

Nous n'oyons point le bruit des Syrthes,
Le plus freſle vaiſſeau ſe mocque des rochers,
Trouue le vent facile, & conduit les nochers
Iuſqu'à l'ombrage de nos myrthes.

Nous ne voyons iamais pleuuoir,
Si ce n'eſt des rubis eſchappez à l'aurore,
Que nos champs glorieux plus ennoblis encore
Daignent à peine receuoir.

Noſtre ſort aux Dieux admirable,
Lors qu'vn renom meilleur nous a parlé de vous,
A perdu ſon eſtime, & s'eſt rendu ialoux
Du voſtre encor plus deſirable.

Aux pieds de voſtre Maieſté,
Nos grãdeurs meſpriſant leur premiere puiſſance
Mettent au ſeul honneur de voſtre obeyſſance,
Tout l'eſpoir qui leur eſt reſté.

Au nombre des ſubiets de France,
Auiourd'huy bien-heureux nous nous venons ranger,
Et noſtre maſque oſté de ce front eſtranger
Nous oſtera la difference.

LE plus aymable iour qu'ayt iamais eu le mõde,
Le plus riche printemps que le Soleil ait veu,
Celuy de nos amours, d'attraits le mieux pourueu,
Ny toutes les beautez de la fille de l'onde.

Ce que donne Appollon pour embelir sa sœur,
Aux graces de vos yeux à peine s'accompare,
Ny toutes ces fleurs d'or dont l'aurore se pare,
Quand elle va baiser son amoureux chasseur.

QVi voudra pense à des Empires,
Et auecques des vœux mutins,
S'obstine contre ses destins,
Qui tousiours luy deuiennent pires:
Moy ie demande seulement
Du plus sacré vœu de mon ame,
Qu'il plaise aux Dieux & à Madame,
Que ie brusle eternellement.

MOn frere ie me porte bien,
La Muse n'a soucy de rien:
I'ay perdu cest humeur prophane.
On me souffre au coucher du Roy,
Et Phœbus tous les iours chez moy
A des manteaux doublez de pane.

Mon ame incague les destins,
Ie fay tous les iours des festins,
On me va tapisser ma chambre,
Tous mes iours sont des Mardy-gras,
Et ie ne boit point d'hypocras
S'il n'est faict auecques de l'ambre.

LARISSA.

Ancillabar in ædibus Romani ciuis conseruo Græco adolescente quem infœlix marium fides à libertate patria in exoticam seruitutem egerat: nam quibus indicijs natura signat in fronte, aut genus, aut educationem, nobilitatem stirpis ingenuus iuuenis liberali prorsus vultu præ se ferebat, & quam ingenuis occupationibus ætatem incepisset, tota vitæ suæ ratione mõstrabat: tã enim à seruilibus munijs erat alienus, vt si quando veru depromeret, dixisses tenere lãceam, si gestandũ esset onus, leuioribus impar erat, & viginti pondo vltra milliariũ non valebat. Enitebatur tamẽ ad omnia & difficillimis obsequijs facilẽ se præbebat, animumque docilem generis oblitũ sui seueritati sortis obedientem fecerat. Excruciabat itaque teneros artus inexpertæ seruitutis iugum, & breui postquam seruire cœpit, mollis & delicati corporis vires duriori victu, asperiori cultu languidæ marcescūt labore & vigiliis quibus non assueuerant minuuntur & deficiunt. Aurei capilli puta calamistris olim discriminati tūc sordidis & intricatis nodis impexi negligebantur: frontis niueæ venustas ad rugas, & squalorem propedeformata, oculi languidi, genæ diductæ, manus callosæ, macies per vniuersa membra horridulum, & eneruem ad extremam pene tabem perduxerant: animus autem in tanta ruina corporis si qua spirabat aura singultus erāt, & suspiria. Dolebam ego vicē afflicti, & de Fortunæ tam sæua varietate commiseratione illius moesta conquerebar: tū si quando se dederat occasio hortabar ærumnosū, & sæpissime fletibus meis, lachrimosum aut solabar, aut adiuuabam, tum quæ illius erant officia præripiebā, & anxie defungebar, imo quęcumque domi curāda erant ipsa pene sola peragebā. Neque vero illius demum obire munera, ac laboribus meis otium illi comparare, sed proprio seruitio vltroneum eius mancipium facta socium colere, & demereri conata sum. Enimuero quantumuis nouæ conditionis fato demissa facies aliquid habebat sublimioris genij, & quālibet nubilo oculorum lumine fulgebat quiddam lucidioris humili, & obscuro meo sideri iure veluti aliquo dominantis. Eminebat itaque ex vultu planè nobili nescio quid in nos imperij, quod meus animus haud inuitus sequebatur: intellexit tamen benè natus inuenis quantū deberet humanitati meæ, & quoties beneficium accepit puduit non potuisse referre, gratiasq; verecūdus egit iis verbis quibus solet vrbanitas aulica trucioribus animis suppalpari: vt erat ingenium mite, placidi mores, sermo blandus, os amabile, & planè diuinissimi vultus formosa & luculenta maceria breui de misericordia erumnarum in amorem eius lapsa sum. Primò quidem inoffensum antea pectus leuiter cœpit sauciari, necdum penitus admissus Cupido in ipso mentis aditu nascentibus flammis militabat; sensit animus orientem oculis ignem, & hoste gauisus suo vltrò se illi permisit.

Ad lenocinātem huiusmodi fabulam progrediens Larissa omnium aures ad sedulam attentionem erexerat: sed duarum præcipuè virginum. Illæ autem inaduersione simulata, ne sermoni castis animis refugiendo inuerecundiùs interesse viderētur, faciem ab ore narrantis auerterant, ac iugiter oscitantes, tum conniuentibus oculis, nutanteq; capite molliter in somnū tota corporis specie fluere videbantur, vi quietis desiderium ementitæ, tuto silētio indulgerent secretæ libidini, ac lasciui sermonis gratissimè blandientes il-

lecebras mentibus prorsus experrectis, &
vigilantissimis auribus hauriebant. Vibrauit
etiam interim altera in conspectum loquentis curiosa lumina, sed velut improuisa & o-
btutu vago in somni recētis imaginibus er-
rantia subinde recondidit. Altera spōtaneo
lapsu de sede sua cōmota, tanquam è cubili
sub diluculum excitata: Hem! (ait) num il-
lucescit rubor? tamen in parum confirmata
fronte vero pudore fictæ verecundiæ late-
bras indicauit. Risimus, & tantillum in puni-
cantibus virginum malis intuitu morati cō-
mētum apparuisse prodidimus. Desierat tamen à sermone Larissa, ac negās verba se vlterius habituram, quæ cuiuspiam supercilium
neue per speciem irritarent, veterem nescio-
quam de Carmenta historiam minabatur,
quum Philæsus interceptæ narrationis im-
patiens: Et hæc (inquit) ō Larissa, sopo-
rem tentant haud dubiè, quò tui Græculi li-
bidinosam imaginem in somnis amplexari
queant: tum impetu iuuenili rugosæ vetulæ
marcidas genas exosculatus: Et per tuam te
Venerem obtestor (ait) noli tam grauiter
nobis irasci: ac diutissimè de rancido collo
pendulus bellulus puer impetrauit vt per-
geret, puellis vero cætera se quàm pudicis-
simè posset absoluturum. Anus pollicita est
iussitque propius assiderent sibi: Licet (inquit)

quit) iuuenibus quotidie semel insanire.
Tum his verbis tāquā data venia moribus
improbis, & quiduis audiendi facta copia,
virgines haud grauatim morem gerunt, &
applicarūt se proximè Larissæ, quæ suas expectatissimas omnibus voces sic recepit.

Sensim illapsus amor, ac de tenui principio velut in ardente segete factus validior,
breui sibi per vniuersam animam viam fecit. Iam ex illo in suis primordiis oblectāte
fallaci cupidine sæuior nescio quis Deus, &
de triumpho captiuæ mentis ferocior nos
imperium exercere cœpit, deque hospite
primo fœliciter in oculis & innocuè diuersanti sensimus incendiarium, qui tepidum
venis sanguinem, & exustis voret ossibus
medullas. Nihil hic contra, pudor! quàm
gemere aut lachrymari potuit, ac quicquid
de misera Larissa placeat Tyranno grauius
statuere, neue ipsa voluntas ausit reluctari.
Quid id est, aut quomodo dicendum haud
satis scio, sponte ne an per vim subeatur
amoris iugum qui iudicem? quæ subinde
querelis illum atque in eodem labore métis votis etiam prosequuta sim. O pestem,
dixi, quoties sapere voluit meus furor, &
humani generis pestem! cur tibi tantum de
me licuit? tum repente de contumeliis in
preces versa: Parce inquam, ô potētissime

Z

Deorum Domine, insania mea est quæ te criminatur, ac si quid est in hoc corde reliquum sani, Paphium & Idalium venerata quæso Glisonem meum mihi conciliato, & quicquid ego vnquā in te patraui sceleris, feruido passerum & columbarum sanguine roseis in altaribus tuis diluetur. At vero cōsternatis animis, ad vltimum lethali vulnere properantibus, non iam cibus, non somnus ad leuamē placuerunt, mentē quæ nostrā impotentissima rabie seruolo mācipatam nulla ratio liberauit. Et formosior inde meus Gliso (hoc enim erat puero nomen) & gratior loquentis sermo videri coepit, oculisque in oras clarius nitescentibus illecebræ nouæ voluptatis accedebant: nā vbi lenta dierū medicina luctus acerbitatē mitigauit, atque animus assuetudine malorū obduruit ad dolores. enituit vultus pristino splēdori restitutus tanta pulchritudine, vt Venerem referre potuisset eam quam Apelles dicitur effinxisse. Interim mihi tacito vulnere pereunti toto corpore lāguescunt vires; & quantum ad speciem formosi iuuenis noui decoris additum, tantum decessum meæ formæ illa ætate haud omnino poenitendæ. Quod autem est in tormentis amantiū, acerbius, quæ me incenderat flāma, iam adultior premebatur misero metu,

quumque prouectæ libidinis ferociores eſ-
ſent impetus quã vt vlterius cohiberi poſ-
ſent, minus tamen audax erat tenellus, &
amorum inexpertus animus, quàm vt pu-
doris mei pretium tanto repulſæ periculo
auderet temerariæ voci committere. Itaq;
deſperãdum fuit, quippe in tabeſcente corpore moriens anima ſuam ſibi ſepulturam
foderat ni miſericordia fatorũ meus ama-
tor conclamatæ propemodum vitæ meæ
ſalutis viam aperuiſſet: nam vbi pertinaci
morbo labefactari vidit eam, cui pluri-
mum debere ſe voluit, indoles generoſi
geniſ haud potuit mœrorem inhibere, imo
ne lachrymis quidem pepercit, ſed recentis
ſui caſus memor, ſolatiis humanitatis meæ
rependit officioſam vicem.

Dies erat, quem à Venere nominamus.
Illo die ferè ſub veſperam de reliquiis he-
rilis menſæ cibum ſumpturi ſimul accum-
bimus. Gliſco iampridem à faſtidio veteris
triſtitiæ liberior, cœnam haud ita parcam
cœnabat lubens, meque obtutu gemino
oculis eius affixam, ac tridua inedia labilẽ
ad cibum identidem ſolicitauit. Quicquid
ille de me aut cerneret, aut loqueretur, videbantur amoris inuitamenta, & inſanam
mentem multa ſpe ad cupidinem adiuua-
bant. Quicquid ego de ſuis affectibus co-

gitassem, sui mihi videbantur oculi promittere, ac postquam amandi rabies altius in præcordiis efferbuit, aut pereundum erat, aut tandem experiundum etiam euētu dubio quorsum effrenis audaciæ primi conatus euaderent. Igitur postero die cœpit pudorem pueri solicitare, & secreti occasionē nacta adorta sum in meo lectulo meridiantem: ibi in lachrymas vberius effusa, Glisò, inquam, aut tua basia, aut mea funera liceat erogare, hos oculos, & hos quos amplexor poplites obtestor, miserere tua causa pereuntis. Arrisit serenus amatoris vultus, & primis efflagitationibus statim annuit. Quid plura? rapuit in cubile non recusantem, & repentino casu turbatam ad latus suum applicuit, longissimisque basiis periculoso gaudio deficientem animauit. O diem nūquam rediturę voluptatis! nos deinceps liberè clandestinis amoribus indulsimus. Vos dum per ætatem licet, viuite, & fœliciter ductæ iuuentutis dulcia flamina ad canos perducite, vt recordatione grata exacta gaudia veluti repetentes querulæ senectutis otiosa tædia solamini.

FIN.

www.ingramcontent.com/pod-product-compliance
Lightning Source LLC
Chambersburg PA
CBHW050259170426
43202CB00011B/1753